Doris Märtin

Small-talk

pickup

Doris Märtin

Small-talk

Die wichtigsten Regeln fürs kleine Gespräch

Das Buch erschien in einer früheren Ausgabe im
Wilhelm Heyne Verlag 2000.

Bibliografische Information der Deutschen Bibliothek
Die Deutsche Bibliothek verzeichnet diese Publikation in der
Deutschen Nationalbibliografie; detaillierte bibliografische Daten
sind im Internet unter http://www.ddb.de abrufbar.

Umschlaggestaltung: ZERO Werbeagentur, München
Umschlagmotiv: FinePic
Produktion: Ortrud Müller
Satz: EDV-Fotosatz Huber/Verlagsservice G. Pfeifer, Germering
Druck und Bindung: Alcione, Trento
Printed in Italy

ISBN-10: 3-7205-2761-1
ISBN-13: 978-3-7205-2761-3

Inhalt

So kamen Leo und Emma, während Karl sich mit dem Apotheker unterhielt, in eines jener oberflächlichen Gespräche, die um tausend oberflächliche Dinge kreisen und keinen anderen Sinn haben, als die gegenseitige Sympathie einander zu bekunden. Pariser Tanzereignisse, Romantitel, moderne Tänze, die ihnen fremde große Gesellschaft, Tostes, wo Emma gelebt hatte, und Yonville, wo sie sich gefunden, alles das berührten sie in ihrer Plauderei, bis die Mahlzeit zu Ende war.

Gustave Flaubert, MADAME BOVARY

1. Smalltalk? Aber sicher!

nge nicht gesehen.« – »Ja, stimmt.« – »Und wie s dir so?« – »Ach, man lebt. Und du?« – »Auch gut. Tja ... also dann, viel Spaß noch.«

Glücklicherweise verläuft nicht jeder Smalltalk so unergiebig. Aber die meisten Menschen haben oft genug Begegnungen der zähen Art erlebt, um mit leisem Schaudern an das Sommerfest im Kindergarten, den 80. Geburtstag von Tante Herta oder den anstehenden Messeempfang zu denken – wo es gilt, über Stunden hinweg mit flüchtigen Bekannten, entfernten Verwandten, anspruchsvollen Kunden oder völlig Fremden locker und zumindest scheinbar entspannt über Gott und die Welt zu plaudern.

Das Problem mit der Schüchternheit

Die Angst vor gesellschaftlichen Situationen plagt viele Menschen: Bei einer internationalen Untersuchung des Psychologie-Professors Philip Zimbardo der Stanford University gaben lediglich sieben Prozent der Befragten an, noch nie in ihrem Leben Schüchternheit empfunden zu haben. Allen anderen verursachten fremde Menschen und Umgebungen wenigstens gelegentlich ein flaues Gefühl im Magen. 25 Prozent der Teilnehmer bezeichneten sich als chronisch schüchtern.

Vorsichtig geschätzt fühlen sich somit mehr als die Hälfte der Menschen in gesellschaftlichen Situationen häufig oder fast immer verlegen und unsicher. Sie haben Angst, beim Geschäftsessen ins Stottern zu geraten, im Urlaub keinen Anschluss zu finden, sich beim Workshop mit den anderen Seminarteilnehmern bekannt zu machen. Die Suche nach einem freundlich-belanglosen Smalltalk-Thema macht sie erst einmal sprachlos. Ein Teufelskreis, denn jeder gesellschaftliche Misserfolg vergrößert die Angst vor dem nächsten Mal.

Smalltalk scheint aber nicht nur schwer zu sein, er hat auch einen schweren Stand. Während das kleine Gespräch in England, Frankreich und ganz besonders den USA als erprobtes Mittel des Andockens, Anknüpfens und Ankommens gepflegt wird, leidet es bei uns unter einem eher schlechten Ruf: Mal wird es als die

Kunst der Leerformeln geschmäht, mal als müßiger Zeitvertreib von Schickimickis und Partygängern verunglimpft. »Wer nichts zu sagen hat, soll schweigen«, fordern die, die stolz darauf sind, ohne Umschweife zur Sache zu kommen. Und halten Smalltalk für Unsinn, dem es an Tiefsinn fehlt.

Smalltalk ist Beziehungsarbeit

Es stimmt: Smalltalk bleibt oft an der Oberfläche. Weil sein tieferer Sinn darin besteht, die Unterhaltung leicht plätschernd im Fluss zu halten. Und nicht etwa darin, die Untiefen der Seelen auszuloten. Wo es darum geht, neue Leute kennen zu lernen und lose Kontakte zu pflegen, steht zunächst einmal nicht der Gedankenaustausch [illegible] Mittelpunkt, sondern das gegenseitige Beschnuppern [illegible] die »soziale Fellpflege«. Und wo Familienfeste und Betriebsfeiern Menschen an einen Tisch zwingen, die sich eigentlich lieber aus dem Weg gehen würden, ist der Smalltalk oft die einzige Möglichkeit, höflich und dennoch reserviert zu bleiben.

Verbindungen schaffen. Niemand will mit Fremden gleich über die großen Fragen unserer Zeit, geschweige denn des Lebens, sprechen. Um zwanglos ins Gespräch zu kommen, sind alltägliche Themen wie die neuen Stromtarife oder der schneesicherste Ort für den Winterurlaub wesentlich besser geeignet als die Abholzung des Regenwalds oder der Umbau der Sozialsysteme – so wichtig diese Themen auch sein mögen. Wer den Weg zu den großen Themen sucht, muss deshalb wohl oder übel erst einmal Brücken bauen und unverbindlich die Möglichkeit einer engeren Verbindung ausloten.

Verbundenheit demonstrieren. Smalltalk spielt aber auch im Umgang mit Menschen eine Rolle, die wir schon lange und vielleicht sogar gut kennen. Das Geplänkel mit dem neuen Abteilungsleiter im Lift oder das Telefonat mit den Schwiegereltern über die Kur in Bad Füssing bringen keine neuen Informationen und Erkenntnisse. Ihr Sinn liegt in der *Metamitteilung*: der Beziehungsinformation unter den Floskeln: »Wir sind ein starkes Team«, »Wir verstehen uns«, »Ihr seid mir wichtig«, »Wir nehmen uns Zeit füreinander«.

Grenzen ziehen. Die Höflichkeit verbietet es, bei der Weihnachtsfeier in der Firma die Querelen um das umstrittene Strategiepapier fortzusetzen und bei der Konfirmation des Patenkindes die ungerechte Verteilung des Familienerbes aufzuarbeiten. Wo Unausprechliches zwischen Gesprächspartnern steht, ist der Austausch von Belanglosigkeiten oft der letzte Rettungsanker – es sei denn, man wollte gesellschaftliche Begegnungen mit Konfliktpartnern ganz vermeiden. Souveräner ist es, auf Smalltalk auszuweichen und die Unterhaltung konsequent in der Unverbindlichkeit von UEFA-Cup, Internet-Shopping und der günstigsten Autobahnverbindung nach Südfrankreich zu belassen.

Die eigentliche Bedeutung der kleinen Alltags- und unverbindlichen Partygespräche liegt somit unter der Oberfläche. Ganz gleich, ob wir uns über den regnerischen Sommer, die Absperrung der Altstadtdurchfahrt oder die neu eröffnete Ausstellung in der Kunstsammlung unterhalten: Das Gesprächsthema ist vor allem Mittel zum Zweck – Kontakte zu knüpfen, zu pflegen und in ihrer Intensität zu steuern. Wer diese Kunst mit leichter Hand beherrscht, ist privat und beruflich klar im Vorteil.

Er blickte von neuem dem gesellschaftlichen Tod ins Auge. Er war ein Mensch, der an einer Dinnertafel völlig allein saß. Der Bienenschwarm summte überall um ihn herum. Auf allen anderen ruhte der gesellschaftliche Segen. Nur er war gestrandet. Nur er war ein Mauerblümchen ohne Gesprächspartner, eine Gesellschaftsleuchte ohne Wattleistung.

Tom Wolfe, Fegefeuer der Eitelkeiten

2. Testen Sie Ihren Smalltalk-Typ

Haben Sie schon einmal überlegt, weshalb gesellschaftliche Anlässe ein Unbehagen in Ihnen hervorrufen? Warum Sie sich unter fremden Menschen schüchtern und verloren fühlen? Oder warum Sie so verbissen Ihr Terrain verteidigen – indem Sie auf Ihren Standpunkt pochen, mit Ihren Erfolgen glänzen, andere mit Ihrem Wissen bombardieren? Später, zu Hause, ärgern wir uns dann über uns selbst: Weil wir beim Sommerfest der Agentur wie üblich bei Astrid und Kurt hängengeblieben sind, statt ungezwungen von Gruppe zu Gruppe zu wandern. Weil im Familienkreis wieder mal die brillante Karriere des Jüngsten im Mittelpunkt stand und die eigene Beförderung unbeachtet blieb. Weil wir es uns nicht verkneifen konnten, der früheren Klassenkameradin, die gerade das dritte Kind erwartet, vom Weihnachts-Shopping in New York vorzuschwärmen.

Mit dem folgenden Test können Sie herausfinden, welche Blockaden Sie möglicherweise davon abhalten, leicht und ungezwungen Kontakte zu knüpfen und zu pflegen.

So wird der Test gemacht

Kreuzen Sie bei jeder der folgenden Fragen »stimmt« oder »stimmt nicht« an.

	stimmt	stimmt nicht
Ich wehre Komplimente automatisch ab: »Du siehst gut aus heute.« – »Findest du? Eigentlich muss ich dringend zwei Kilo abnehmen.« (A)	☐	☐
Ich bin ein unterhaltsamer Erzähler. (D)	☐	☐
Der Mensch ist dem Menschen ein Wolf. (E)	☐	☐
Ich erzähle öfter von meinen Problemen als von meinen Erfolgen. (A)	☐	☐

	stimmt	stimmt nicht
Ich erwarte, dass Gäste sich telefonisch anmelden. (B)	☐	☐
Vor gemeinsamen gesellschaftlichen Auftritten bitte ich meinen Partner/meine Partnerin oft um ein bestimmtes Verhalten – zum Beispiel, es bei ein, zwei Gläsern Wein zu belassen oder nicht den ganzen Abend lang über das eigene Spezialgebiet zu dozieren. (C)	☐	☐
Viele Menschen sind unschwer zu erkennen: als Öko, Karrierefrau, Yuppie, Esoterikerin, Macho ... (E)	☐	☐
Ich geselle mich in der Kantine ungern an einen Tisch, an dem schon heftig diskutiert oder herzlich gelacht wird. (B)	☐	☐
Ich finde es unangenehm, von Freunden auf eine Party mitgeschleppt zu werden, zu der ich nicht ausdrücklich eingeladen wurde. (B)	☐	☐
Ich habe oft Angst, auf Partys alleine herumzustehen oder beim Smalltalk nicht mithalten zu können. (C)	☐	☐

	stimmt	stimmt nicht
Rückschläge und Misserfolge sind für mich kein Thema. (D)	☐	☐
Ich habe oft das Gefühl, unversehens in eine unterlegene Position zu geraten: zum Beispiel, wenn ein Kollege mir Ratschläge gibt, obwohl er viel weniger von der Sache versteht als ich. (A)	☐	☐
Wenige sorgsam ausgewählte Freunde sind mir wichtiger als flüchtige Bekanntschaften. (E)	☐	☐
Ich frage mich häufig, wie ich auf die anderen wirke. Stehe ich gerade? Rede ich zu schnell? Wirkt mein Lachen nervös? Sieht es für die anderen so aus, als würde ich mich gut unterhalten? (C)	☐	☐
Ich hasse es, wenn andere mir zu nahe kommen – zum Beispiel in der Warteschlange keinen Abstand halten oder vorschnell zum Du übergehen. (B)	☐	☐

	stimmt	**stimmt nicht**
Ich bewundere an anderen oft Fähigkeiten, die mir selbst fehlen: »Wie schaffst du es bloß, den großen Garten ganz allein zu pflegen? Ich würde das nicht packen.« (A)	☐	☐
Im Zusammensein mit anderen empfinde ich häufig Druck und Selbstzweifel. (C)	☐	☐
Meistens weiß ich auf Anhieb, ob mir jemand sympathisch ist oder nicht. (E)	☐	☐
Ich bin selten um ein Gesprächsthema verlegen. Dazu passiert in meinem Leben einfach zu viel: erst gestern zum Beispiel das Tennisturnier, das ich im dritten Satz schließlich für mich entscheiden konnte. (D)	☐	☐
Ich bin am liebsten mit Menschen zusammen, die meine Interessen und Wertvorstellungen teilen. (E)	☐	☐
Komplimente sind mir irgendwie suspekt. Ich weiß nie, ob sie ehrlich oder einfach nur höflich gemeint sind. (B)	☐	☐

	stimmt	stimmt nicht
Meine Gesprächspartner sollen mich nicht für eingebildet halten. Den Traum, mich um eine Green Card zu bewerben, würde ich zum Beispiel nur guten Freunden erzählen. (A)	☐	☐
Ich kenne eine Menge einflussreicher, interessanter Leute: den Chefredakteur der Lokalzeitung, die Stadträtin Müller-Schmidt, den Chef des Klinikums, ... (D)	☐	☐
Es gibt Leute, die kann ich einfach nicht ertragen: Angeber, Gesundheitsfanatiker, Oberlehrertypen, Kettenraucher ... (E)	☐	☐
Geheimtipps und gute Adressen gebe ich gerne weiter: »Sagen Sie Luigi einen schönen Gruß von mir – er soll Ihnen einen guten Preis machen.« (D)	☐	☐
Es wäre mir peinlich, zu einem Sommerfest ein Kleid und hochhackige Sandalen zu tragen, wenn die anderen Gäste T-Shirts und Bermudas anhaben. (C)	☐	☐

Auswertung

Zählen Sie bitte zusammen, wie oft Sie bei den Buchstaben A bis E »stimmt« angekreuzt haben.

A: ______________ mal

B: ______________ mal

C: ______________ mal

D: ______________ mal

E: ______________ mal

Wenn Sie einen oder mehrere Buchstaben 4- bis 6-mal gewählt haben, haben Sie in diesen Bereichen möglicherweise Blockaden, die Ihre Ausstrahlung beim Smalltalk schmälern. Lesen Sie dann bitte Ihr Ergebnis unter den entsprechenden Buchstaben nach.

A Machen Sie sich frei von der Angst, nicht geliebt zu werden

Sie beziehen Ihr Selbstwertgefühl vor allem daraus, von anderen geliebt und gemocht zu werden. Deshalb betonen Sie in Gesprächen die Gleichheit und harmonische Übereinstimmung mit dem Gesprächspartner. Instinktiv stimmen Sie Ihre Selbstdarstellung auf Ihr Gegenüber ab. Weil Sie auf keinen Fall möchten, dass die anderen Sie für eingebildet oder abgehoben halten, spielen Sie Schwächen hoch und Erfolge herunter. »Wir wohnen ja nur zur Miete«, erzählen Sie der Gesprächspartnerin, die Ihnen von ihrem neu bezogenen Reihenhaus im Grünen vorschwärmt. Und lassen unerwähnt, dass Sie die Vorzüge Ihrer Dachwohnung mitten in der Innenstadt nicht missen möchten. Um sich hinterher zu ärgern, dass Sie Ihr Licht unter den Scheffel gestellt haben – weil Ihre falsche Bescheidenheit Ihrer Gesprächspartnerin den Eindruck vermittelt hat, Sie aufmuntern zu müssen: »Das kommt noch. Wenn wir damals nicht diesen guten Finanzberater gehabt hätten ... Wissen Sie was, ich faxe Ihnen einfach mal seine Adresse zu.«

Daran können Sie arbeiten

Immer nur nett zu sein, führt in die Sackgasse. Wer Harmonie über alles stellt, reagiert irgendwann enttäuscht, wenn er keine Gegenleistung erhält. Denn die bekommen Sie wahrscheinlich nicht: Die Siegertypen unter Ihren Gesprächspartnern nutzen Ihren Altruismus aus. Sie schwärmen egomanisch von ihrer steilen Karriere oder schieben ungerührt das siebte Magazin mit den Dias von der letzten Irlandreise in den Projektor. Aber auch Gespräche mit Menschen, die genauso bescheiden auftreten wie Sie, verlaufen oft nicht besonders positiv: Unterhaltungen, bei denen die Höhen des Lebens ausgeblendet und seine Tiefen resigniert akzeptiert werden, heben weder die Stimmung noch das Selbstwertgefühl. Wahrscheinlich fühlen Sie sich hinterher freudlos und bedrückt.

Machen Sie sich klar: Worum es Ihnen wirklich geht, ist Symmetrie, das Geben und Nehmen im Gespräch. Sie wollen niemanden übertrumpfen. Aber Sie sollten sich auch von niemandem in den Schatten stellen lassen. Selbstdarstellung und Sensibilität für andere schließen einander nicht aus: Zeigen Sie sich ruhig begeistert von dem anregenden NLP-Seminar, das Sie am Wochenende besucht haben. Dafür ermuntern Sie bei nächster Gelegenheit Ihre Kollegin, ausführlich von Ihrer Ägyptenreise zu berichten. Mit dieser Gesprächsstrategie gewinnen Sie an Ausstrahlung und Lebensfreude, ohne Ihrem Gegenüber die Show zu stehlen.

B Bezwingen Sie die Angst, sich aufzudrängen

Sie sind von Natur aus zurückhaltend und gewähren anderen den Freiraum, den Sie umgekehrt auch für sich selbst erwarten. Ein freundliches Kopfnicken ist Ihnen lieber als ein Schwatz über den Gartenzaun, bei Partys gehen Sie lieber zu früh als zu spät und bei Zufallsbegegnungen im Restaurant oder in der Fußgängerzone halten Sie den Smalltalk so kurz, wie es die Höflichkeit erlaubt. Keinesfalls wollen Sie Ihrer Umgebung das Gefühl geben, von Ihnen bedrängt zu werden.

Hinter Ihrer Distanziertheit kann ein geringes Selbstwertgefühl stecken: Um nicht ausgegrenzt zu werden, grenzen Sie sich konsequent ab. Ebenso gut kann Ihre Reserviertheit aber auch in einem stark ausgeprägten Bedürfnis nach Privatheit wurzeln. Diese Zurückhaltung kann anerzogen sein. Sie kann aber auch damit zusammenhängen, dass Sie von Natur aus besonders heftig auf äußere sensorische Reize ansprechen und deshalb Nähe schnell als störend und anstrengend empfinden. Um diese intensiven Emotionen in Schach zu halten, gehen Sie auf Distanz. Dabei sind Sie weder unkommunikativ noch ungastlich. Nur: Alles hat für Sie seine Zeit – das Zusammensein mit anderen ebenso wie der Rückzug ins Private.

Daran können Sie arbeiten

Wenn Sie dazu neigen, sich ins Schneckenhaus zurückzuziehen, um niemanden durch Ihre Gegenwart zu belästigen, springen Sie beim nächsten Mal über Ihren Schatten: Knüpfen Sie ein Gespräch mit dem Sitznachbarn in der Arztpraxis an, bewundern Sie die herrlichen Sonnenblumen im Nachbarsgarten, zeigen Sie offen Ihre Freude über ein Mitbringsel, essen Sie, wenn es Ihnen angeboten wird, ruhig auch das dritte Stück Kuchen. Außerdem sollten Sie üben, Ihr Unbehagen bei körperlicher Nähe etwas abzubauen – zum Beispiel, indem Sie sich im Zug bewusst einen Sitzplatz in einem Abteil suchen, in dem schon mehrere andere Fahrgäste sitzen. Dadurch bereichern Sie Ihr Verhaltensrepertoire und erweitern Ihre Komfortzone. Ihre

Fähigkeit zu höflicher Rücksichtnahme bleibt davon unberührt: Ein Gewinn an Selbstbewusstsein muss nicht mit einem Verlust an Sensibilität verbunden sein.

C Überwinden Sie die Angst, sich zu blamieren

Sie sind verlegen, wenn der Partner bei der Geburtstagsfeier nach dem dritten Glas Prosecco nicht mehr viel zu sagen weiß. Es ist Ihnen peinlich, wenn Sie einem Anrufer gedankenlos um drei Uhr nachmittags einen guten Morgen wünschen. Sie möchten in den Erdboden versinken, wenn beim Abendessen mit neuen Bekannten offenkundig wird, dass Sie nur lückenhaft über das anstehende Volksbegehren informiert sind. Als ginge es ums nackte Überleben, achten Sie im Zusammensein mit anderen darauf, nur ja keinen Fehler zu machen.

Die Angst vor der Blamage kann verschiedene Gründe haben: die Erziehung, den eigenen Perfektionsanspruch, aber auch das gesellschaftliche Umfeld, in dem man sich bewegt. Wer als Kind häufig durch Liebesentzug oder Verächtlichmachung bestraft wurde, dem werden als Erwachsenem peinliche Situationen mehr als anderen zu schaffen machen. Wer an sich den Anspruch stellt, kulturell auf dem Laufenden zu sein, empfindet es vielleicht schon als Schmach, den neuen Film von Wim Wenders nicht zu kennen. Und natürlich ist es uns unangenehmer, ein Glas Rotwein an einer in Damast eingedeckten Festtafel umzustoßen als bei einem zwanglosen Grillabend am Baggersee.

Daran können Sie arbeiten

Es ist schwer, die Angst vor dem Gesichtsverlust zu überwinden: Schließlich hängen Erfolg und Ansehen in unserer Gesellschaft mehr als je zuvor vom guten Eindruck ab. Trotzdem: Versuchen Sie, sich von unrealistischen Perfektionsansprüchen zu befreien. Machen Sie sich vor sozialen Begegnungen immer wieder klar, dass mehr als drei Viertel aller Menschen genau wie Sie Angst haben zu versagen. Die wenigsten Menschen, denen Sie begegnen, sind so cool, wie sie sich geben. Dazu kommt: Mit einer Hochglanz-Oberfläche gewinnen Sie nur selten Sympathie. Wo alle krampfhaft ihre Nonchalance und Trendkompetenz nachzuweisen suchen, wirkt ein Versprecher oder eine kleine Wissenslücke eher erfrischend als peinlich – und ist oft der Anstoß dafür, dass auch die anderen mehr Spontaneität wagen.

D Hören Sie auf, andere übertrumpfen zu wollen

Sie neigen zu einem sehr statusgeprägten Gesprächsstil. Ihnen ist nur allzu bewusst: Die Menschen sind nicht gleich, sie nehmen unterschiedliche Plätze in einer hierarchischen Ordnung ein. Im Rennen um Karriere, Geld, Wissen, Beziehungen oder Kultiviertheit wollen Sie deshalb auf jeden Fall unter den Ersten durchs Ziel gehen. Diese Haltung ist verständlich, auch und gerade in einer wettbewerbsorientierten Gesellschaft, in der sich jeder immer wieder neu definieren und beweisen muss. Allerdings: Wer bei jedem Thema und in jedem privaten Gespräch einen Führungsanspruch durchsetzen will, drückt zurückhaltendere Gesprächspartner an die Wand. Geben und Nehmen sind nicht gleichmäßig verteilt. Das Gespräch wird asymmetrisch: Indem ein Gesprächsteilnehmer die Hauptrolle an sich reißt, weist er den anderen den Rang von Statisten zu.

Daran können Sie arbeiten

Nicht alle Menschen können oder wollen den verbalen Konkurrenzkampf um den begehrenswerteren Job, die wohlgerateneren Kinder, das raffiniertere Aktienportfolio und das bessere Leben mitmachen. Gerade beim Smalltalk steht für viele der Aspekt der Beziehungspflege und Harmonie im Vordergrund. Stoßen diese unterschiedlichen Absichten aufeinander, kann es leicht passieren, dass das Gespräch in eine Schieflage gerät: hier der dominierende Alleinunterhalter, dort das unfreiwillige Jubelpublikum.

Als statusorientierter Gesprächspartner sollten Sie deshalb darauf achten, das Rampenlicht nicht ausschließlich für sich zu beanspruchen. Balance und Harmonie sind mindestens so wichtig wie sozialer Vergleich und Selbstdarstellung – jedenfalls beim Smalltalk. Nutzen Sie deshalb Ihre Position, Ihre Persönlichkeit, Ihre sprachliche Ausdrucksfähigkeit und geben Sie auch schüchternen oder zurückhaltenden Gesprächspartnern die Gelegenheit, ihr Licht zum Leuchten zu bringen.

Möglichkeiten dazu gibt es viele: Lenken Sie das Gespräch taktvoll auf ein Thema, bei dem der Andere glänzen kann. Holen Sie auch einmal den Rat eines Gesprächspartners ein. Machen Sie sich über sich selbst lustig und erzählen Sie von einem kleinen Missgeschick. Sie werden merken: Dabei bricht Ihnen kein Zacken aus der Krone. Im Gegenteil: Sie wirken sympathisch und einfühlsam und bereichern Ihre Gesprächsfähigkeit um eine zusätzliche Dimension. Alle Gesprächspartner fühlen sich wohl und wertgeschätzt – der klassische Fall einer Win-Win-Situation.

E Überwinden Sie Vorurteile und Schubladendenken

Es gehört zu unserem genetisch verankerten Programm, Fremdes aus sicherer Distanz zu beäugen und uns in Sekundenschnelle ein Urteil über andere zu bilden. Deshalb gibt es für Sie Signale, bei denen sich Ihnen einfach die Haare sträuben: zum Beispiel das Piercing an der Nase des künftigen Schwiegersohns, die zugeknöpfte Reserviertheit des Tischnachbarn, die Unart der Einrichtungsberaterin, mitten im Satz zu unterbrechen, das griffbereite Zigarettenpäckchen auf dem Nachttisch des Zimmergenossen im Krankenhaus. Ihr Körper geht in Verteidigungsposition. Bewusst oder unbewusst reagieren Sie reserviert und haben wenig Lust auf einen netten Smalltalk.

Daran können Sie arbeiten

Eine vertrauensvolle Ausstrahlung ist die beste Voraussetzung dafür, dass Ihr Gegenüber Ihnen seinerseits gutgelaunt begegnet. Wer in den USA schon einmal die professionelle Freundlichkeit in Geschäften und Hotels erlebt hat, weiß, wie ansteckend Herzlichkeit und gute Laune sind – selbst wenn dahinter ein Stück Schauspielerei und Geschäftstüchtigkeit steckt. Der Grund: Über Mimik, Körperhaltung und Tonfall übertragen Menschen gute und schlechte Stimmungen aufeinander. Dieses Phänomen erklärt, dass Miesepeter oft auch ihrer Umwelt die Laune verderben. Umgekehrt genügt manchmal ein freundlicher Gruß eines Fremden, um unsere Gereiztheit zu besänftigen und unsere Stimmung zu heben.

Wenn Ihnen an einer sympathischen Ausstrahlung gelegen ist, sollten Sie deshalb neuen Bekannten einen Vertrauensvorschuss geben. Zeigen Sie sich freundlich und aufgeschlossen – auch wenn Sie das Auftreten der Bewerberin auf den ersten Blick arrogant oder die Lebensweise des Veganers extrem finden. Vielleicht stellt sich ja nach näherem Kennenlernen heraus, dass die smarte Bewerberin über erstklassige Qualifikationen verfügt. Oder dass der asketische Veganer der ausgefuchste Anlageberater ist, nach dem Sie seit langem suchen.

»Erzählen Sie uns etwas Amüsantes, aber nichts Boshaftes«, sagte die Frau des Gesandten, eine große Meisterin der eleganten Konversation, die man auf Englisch Smalltalk nennt, zu dem Diplomaten, der auch nicht wusste, worüber man jetzt reden sollte.

Tolstoj, ANNA KARENINA

3. Nur wer hingeht, kommt an

Nur wer hingeht, hat die Chance anzukommen. Ganz gleich, ob wir neu zum Italienischkurs hinzustoßen, bei einer Tagung niemanden kennen oder zufällig einer Klassenkameradin begegnen, die wir zum letzten Mal bei der Abiturfeier gesehen haben: Der Versuch, ins Gespräch zu kommen, ist allemal angenehmer als außen vor zu bleiben, gelangweilt alleine herumzustehen und hinterher die eigene Zaghaftigkeit zu bereuen – nur weil man das Risiko einer Zurückweisung gescheut oder nicht den richtigen Anfang gefunden hat. Die wichtigsten Tips für den Gesprächsein- und -ausstieg finden Sie in diesem Kapitel.

Sich vorstellen: Die GNA-Formel

Sie haben sich endlich aufgerafft, Fitness zu machen. Ob im Spin-Bike-Kurs, in der Sauna, an der Bar – überall tratschen und lachen Cliquen, die sich schon ewig zu kennen scheinen.

Sie nehmen an einem IHK-Seminar über Finanzbuchhaltung teil. In der Kaffeepause würden Sie gerne mit Gleichgesinnten ins Gespräch kommen.

Auf der Hauseinweihungsfeier einer Kollegin fällt Ihnen eine sympathisch wirkende Frau auf, die wie Sie ohne Anhang gekommen ist und etwas verloren am Rande steht.

Die Aufgabe, sich locker plaudernd unter Fremde zu mischen, macht viele nervös. Wenn wir uns in solchen Situationen angelegentlich mit dem Molke-Drink, den Seminarunterlagen oder dem kalten Büfett beschäftigen, so liegt das meistens daran, dass wir zögern, uns mit anderen bekannt zu machen. Dabei sind die Regeln dafür ganz einfach: Gehen Sie mit raschen Schritten, aber nicht hektisch, zu dem anvisierten Gesprächspartner hin, lächeln Sie und stellen Sie sich vor. Verwenden Sie dabei die GNA-Formel aus **G**ruß, **N**ame und **A**ufhänger.

Gruß: Nehmen Sie Augenkontakt auf, lächeln Sie und sagen Sie »Hallo«, »Hi«, »Guten Tag«, »Moin, moin« oder was eben so angesagt ist.

Name: Nennen Sie Ihren Namen – am besten den Vornamen und den Familiennamen, das klingt persönlicher.

Aufhänger: Erzählen Sie etwas von sich, was zum Anlass passt: Wenn Ihre Schwester heiratet, stellen Sie sich als »der kleine Bruder der Braut« vor; bei der Weihnachtsfeier in der Schule als »Vater von Jonas, der einen der drei Hirten gespielt hat«; bei der Hauseinweihungsfeier als »Kollegin von Anna – Wir erarbeiten gerade zusammen das Konzept für eine neue Esoterik-Buchreihe«. Im Fitnessstudio kommen Sie am schnellsten ins Gespräch, wenn Sie erzählen, dass Sie neu im Club sind und schleunigst zwei Kilo abnehmen möchten; beim IHK-Seminar, wenn Sie Ihr Spezialgebiet nennen und die Firma, bei der Sie arbeiten.

Diese Form der Selbstvorstellung dauert nicht sehr lange: Wenn Sie sie gut vorbereitet haben, gerade mal sieben bis neun Sekunden: »Guten Tag, ich bin Peter Berghof. Ich bin ein Studienfreund unseres Gastgebers. Wir haben zusammen in München Betriebswirtschaft studiert.« Mit diesen Zusatzinformationen spielen Sie dem Gesprächspartner drei Gesprächsthemen zu, die er aufgreifen kann:

- »Dann sind Sie ja schon ein paar Jahre länger mit Frank befreundet als ich. Wir haben die Meitners letztes Jahr im Club Robinson in der Türkei kennen gelernt. Seither treffen wir uns regelmäßig zum Squash.«
- Oder: »Tatsächlich? Ich habe öfter beruflich im Münchner Raum zu tun und verbinde das gern mit einem Abstecher in die Berge.«

- Oder: »Dann sind Sie also auch BWLer wie Frank. Da verfolgen Sie doch sicherlich die Börse: Was meinen Sie, kann man bei dem hohen Niveau noch Internetaktien kaufen?«

Strategisch vorgehen

Die Selbstvorstellung ist der Königsweg zum gesellschaftlichen Erfolg – erst recht, wenn sie von flankierenden Maßnahmen begleitet wird. Denn: Je sicherer Sie sich fühlen, je mehr Sie über die anderen Gäste wissen und je geschickter Sie Ihren Auftritt orchestrieren, desto besser stehen Ihre Chancen, dass Sie sich auf Partys und Festen nicht nur gut unterhalten, sondern auch neue Beziehungen knüpfen.

Gut geplant ist halb gewonnen. Machen Sie sich vor einem Fest, einer Fortbildungsveranstaltung, einem Geschäftsessen schlau: Wer kommt, wie viel Zeit sollte man mitbringen, was sind die Lieblingsblumen der Gastgeberin, was trägt man bei einer Hochzeit im Salzburger Land. Der Lohn der Mühe: Das passende Outfit, ein individuelles Gastgeschenk und das Wissen, an wessen Tisch man gleich sitzen wird, vermitteln ein Gefühl der Sicherheit. So gestimmt fällt es leichter, offen und unbefangen zu plaudern.

Das richtige Timing. Wer erst kommt, wenn die Grüppchen sich gebildet haben, macht es sich unnötig schwer. Einfacher ist es, unter den ersten Gästen zu sein. Es besteht eine gute Chance, dass Neuankömmlinge sich zu Ihnen gesellen – vor allem, wenn Sie lächeln, Blickkontakt suchen – und womöglich sogar einen der raren freien Stehtische gekapert haben.

Der richtige Standort. Wer sich im letzten Eckchen verkrümelt, sendet die falschen Signale. Platzieren Sie sich besser an einer Stelle, an der die neueintreffenden Gäste zwangsläufig vorbeikommen – zum Beispiel in der Nähe des Geschenketisches. Wer alleine kommt und auch keinen kennt, ist froh, schnell einen möglichen Gesprächspartner ausfindig zu machen.

Unterstützen Sie den Gastgeber. Ob Sie Teller herumreichen, Aschenbecher besorgen, Weinflaschen öffnen, Gesprächspausen füllen oder Mauerblümchen ins Gespräch ziehen – Sie werden dem Gastgeber wie den anderen Gästen in guter Erinnerung bleiben. Und Sie werden zu beschäftigt sein, um sich überflüssig zu fühlen oder Ihre sozialen Fähigkeiten anzuzweifeln.

Das Eis brechen

Sagen Sie etwas. Irgendetwas. Warten Sie nicht auf den begnadeten Einfall. Um freundliche Gesprächsbereitschaft zu signalisieren, brauchen Sie weder tief schürfend noch ausgefallen zu sein. Wie der erste Eindruck ausfällt, hängt nämlich viel mehr von nonverbalen Signalen als von der Wahl des Gesprächsthemas ab: Ihrem Aussehen, Ihrer Haltung, Ihrer Stimme,

Ihrem Tonfall. Es sind deshalb Belanglosigkeiten, die Gespräche in Gang bringen: eine Bemerkung über den Tagungsort, die Bitte um eine kleine Gefälligkeit oder einfach ein freundliches Kompliment.

Das nahe Liegende – der warme Sommerabend, das Essen, die ausgefallene Tischdekoration – ist oft auch der nahe liegendste Einstieg in ein Gespräch. Nehmen Sie Ihre Umgebung bewusst wahr und achten Sie auf Auffälligkeiten:

- Die Stadt: »Schön haben Sie es hier in Regensburg.«
- Die Schwarz-Weiß-Aufnahmen von Venedig: »Ich habe mich an der Volkshochschule für einen Kurs ›Schwarz-Weiß-Fotografie für Anfänger‹ eingeschrieben. Ich freue mich schon sehr darauf.«
- Das Hotel: »Ist das hier nicht wie im Paradies? Idyllischer kann man es sich nicht wünschen.«

Ein Tipp für Fortgeschrittene: Wählen Sie als Aufhänger eine möglichst erfreuliche Beobachtung. Dadurch wirken auch Sie als Person automatisch gutgelaunt und positiv. Der Satz »Herrliches Wetter heute« zaubert ganz von selbst ein Lächeln auf die Lippen und ein Strahlen in die Augen. Der große Jochbeinmuskel und der Augenringmuskel werden nach oben geführt. Ihr Gesicht erfährt ein natürliches Lifting. Bei der Bemerkung »Scheußlich, der Dauerregen, nicht?« verziehen wir dagegen unwillkürlich das Gesicht.

Fragen sind der direkteste Weg, ein Gespräch in Gang zu bringen.

- »In welcher Verbindung stehen Sie zu unserem Gastgeber?«
- »Haben Sie schon öfter an dieser Tagung teilgenommen?«
- »Habt ihr euch in Dresden gut eingelebt?«
- »Warum sind Sie vom Skifahren aufs Snowboarden umgestiegen?«

Vermeiden Sie es aber, Ihren Gesprächspartner ins Kreuzverhör zu nehmen: Wie alt sind Sie denn? Was verdient man denn da so? Man hört ja, dass es mit Ihrer Firma wieder bergauf geht? Solche direkten Fragen verlangen etwas mehr Intimität, als in einem 4-Minuten-Gespräch entstehen kann.

Gemeinsame Bekannte sind oft die erste Verbindung zwischen Fremden. Vielleicht stellt sich heraus, dass Ihr Gegenüber im gleichen Vorort wie Ihre Kollegin wohnt, dass Sie und Ihr Gesprächspartner zur gleichen Krankengymnastin gehen oder dass Sie die Schwiegereltern der neuen Bekannten aus dem Gartenbauverein kennen. Solche gemeinsamen Bezugspunkte fördern die Sympathie und ebnen den Weg zum nächsten Thema: Die günstige S-Bahn-Verbindung in die Innenstadt, die hartnäckigen Rückenschmerzen, die reiche Apfelernte im Garten.

Komplimente eignen sich gut dafür, alte Bekanntschaften aufzufrischen. Sie verbreiten eine wohltuende Atmosphäre und legen gleichzeitig einen ersten Themenbereich fest: Frisur, Urlaub, Mode, Kinder, das Thema des Vortrags.

- »Ich freue mich, dass Sie sich wieder als Klassenelternsprecherin zur Verfügung stellen.«
- »Das Kleid steht Ihnen wunderbar. Haben Sie das hier in Freiburg gefunden?«
- »Sie sehen richtig gut erholt aus.«
- »Ich fand Ihren Vortrag sehr aufschlussreich.«

Um Hilfe bitten. Die meisten Menschen fühlen sich gut, wenn wir ihnen einen Informationsvorsprung zubilligen. Die Bitte um eine kleine, leicht zu erfüllende Gefälligkeit ist deshalb ein erprobter Weg der Kontaktaufnahme.
- Im Urlaub am Pool: »Entschuldigen Sie. Ich sehe, dass Sie einen Restaurantführer für die Gegend hier haben. Dürfte ich wohl kurz einen Blick hineinwerfen?« Wird Ihre Bitte freundlich gewährt, können Sie nachlegen: »Haben Sie schon den einen oder anderen Tipp getestet? Können Sie uns ein Restaurant empfehlen?«
- Beim Fitness: »Ich versuche schon die ganze Zeit vergeblich, die Sitzhöhe der Bauchmaschine zu verändern. Können Sie mir weiterhelfen?«

Wenig erfolgversprechend ist es dagegen, mit guten Ratschlägen ins Gespräch kommen zu wollen: »Müssen Sie den Lat-Zug nicht weiter außen anfassen? So wie es auf der Abbildung zu sehen ist?« Auch in Frageform verpackt laden Belehrungen eher zum Rückzug als zum Smalltalk ein: Niemand lässt sich von Fremden gerne (etwas) vorführen.

Den Faden weiterspinnen

Andocksätze und Einstiegsfloskeln signalisieren Interesse und können den Funken entzünden. Je weiter das Gespräch fortschreitet, desto stärker sind dann aber auch Substanz und damit eine gute Allgemeinbildung gefragt: vom kalifornischen Chardonnay bis zu der umstrittenen *Don Carlos*-Inszenierung des Stadttheaters, von den Tarifen der Deutschen Bundesbahn bis zur Entschlüsselung des menschlichen Erbguts ist im Smalltalk alles möglich. Jedenfalls, solange es leicht und schwerelos bleibt: Mit Geplänkel über den Sinn und Unsinn von Katastrophen-Filmen liegen Sie genau richtig. Das Erdbeben in der Kaschmir-Region dagegen ist kein Thema, das sich zwischen Prosecco und Partyhäppchen abhandeln ließe.

Weitere wichtige Ingredienzen des gelungen Smalltalks sind eingestreute Informationen über die eigene Person. Unterhaltungen fließen einfach leichter, wenn wir im Lauf des Gesprächs erfahren, dass unsere Gesprächspartnerin demnächst nach Berlin umziehen wird und im Januar Geburtstag hat. Diese Informationen helfen uns, geeignete Gesprächsthemen anzuschneiden (»Ist es eigentlich schwierig, in Berlin eine passende Wohnung zu finden?«) und Fauxpas zu vermeiden (»Mein Chef ist ein typischer Steinbock – stur wie ein Maultier«). Umgekehrt sollten auch Sie selbst persönliche (aber nicht intime) Informationen einfließen lassen:

- »Seit ich regelmäßig laufe, ...«
- »Wir haben zwar noch keine Kinder, aber ich kann mir gut vorstellen, dass ...«
- »Wir sind ja hier alle etwa der gleiche Jahrgang ...«

Achten Sie aber darauf, dass Ihre Informationssplitter wirklich das Gespräch weiterbringen und nicht nur Ihrer Selbstdarstellung dienen. Wer im ersten Gespräch nicht nur einfließen lässt, dass er S-Klasse fährt, sondern auch, dass er Hobbyflieger ist, in Florida überwintert, mit dem Landrat Golf und mit dem Polizeipräsidenten Skat spielt, dem geht es allzu offensichtlich um die eigene Aufwertung.

Und keine Angst vor Grüppchen: Stellen Sie sich einfach dazu! Was kann Ihnen schon passieren? Schlimmstenfalls lässt man Sie nicht am Gespräch teilnehmen und ignoriert Sie hartnäckig. Machen Sie sich nichts draus und versuchen Sie Ihr Glück bei umgänglicheren Zeitgenossen.

Fallen Sie nicht mit der Tür ins Haus. Wer neu zu einer Gruppe stößt, sollte sich erst einmal auf die Zuhörerrolle beschränken. Es ist nicht höflich, ein angeregtes Gespräch zu unterbrechen, um seinen Namen zu verkünden. Das lässt sich zu gegebener Zeit immer noch nachholen. Am besten erweisen Sie sich als aufmerksamer Zuhörer: durch Blickkontakt, ein interessiertes Lächeln, ein zustimmendes Nicken oder durch ermunternde Wörter wie »Wirklich?« – »Das ist ja interessant!«.

Signalisieren Sie Zustimmung. Wenn Sie sich einen Überblick über das laufende Gespräch verschafft haben, wagen Sie sich weiter vor. Wirksam, wenn auch ein bisschen opportunistisch ist es, sich beipflichtend an den Hauptredner anzuhängen: »Das sehe ich genauso.« »Ihre Argumente sind wirklich überzeugend.« »Ja, und ...« So gewinnen Sie einen Verbündeten, der Sie mit großer Wahrscheinlichkeit ins Gespräch ziehen wird.

Vermeiden Sie es, sich in den Mittelpunkt zu stellen. Wer Interessantes beisteuern kann, tut das – achtet aber darauf, nicht das Gespräch an sich zu reißen. Spielen Sie den Ball zügig weiter.

Ein guter Abgang

Der amerikanische Psychologe Leonard Zunin hat ermittelt: Ein flüchtiges Gespräch im Schwimmbad, an der Bushaltestelle, im Supermarkt muss mindestens vier Minuten dauern, wenn wir unser Gegenüber nicht durch Kurzangebundenheit brüskieren wollen. Danach können Sie sich von Zufallsbegegnungen ohne weiteres verabschieden: »Also dann ...

- lassen Sie sich nicht aufhalten – Sie wollen sicher unter die Dusche.«
- wir sehen uns doch am Samstag beim Adventssingen?«
- ich muss mich beeilen, die Parkuhr läuft ab.«

Bei längeren Gesprächen erkennen Sie oft an der Körpersprache oder am Gesprächsverhalten Ihres Gegenübers, dass es an der Zeit ist zu gehen: Sobald der Andere nervös wird, auf die Uhr oder im Raum herum schaut, von einem Fuß auf den anderen tritt oder sich auf einsilbige Antworten beschränkt, ist das ein Zeichen, dass Sie besser zum Ende kommen sollten.

Schwieriger ist es, sich von einem Gesprächspartner zu lösen, der am liebsten noch stundenlang weiterreden würde. Viele Menschen machen in dieser Situation den Fehler, das Gespräch versickern zu lassen. Oder sie verschwinden mit einer Ausrede: »Ich muss mal kurz zu Hause anrufen.« Höflicher ist es, sich nach einer angemessenen Zeit entschlossen zu verabschieden.

Ehrlich währt am längsten: »Entschuldigen Sie mich bitte. Ich muss mich um den Nachtisch kümmern.« Oder: »Dort drüben steht eine frühere Mitarbeiterin von mir, und ich möchte ihr kurz hallo sagen.«

Freundlich, aber bestimmt: »Ich mache dann weiter die Runde. Ich wünsche Ihnen noch einen schönen Abend.« Oder: »Es war schön, Sie kennen zu lernen. Ich wünsche Ihnen noch einen schönen Aufenthalt.«

Verbindlich: »Es war schön, hier einen Tennisfan zu treffen. Es bleibt dabei: Wir machen demnächst zusammen ein Spiel. Ich rufe Sie an. Bis dann.« Oder: »Es war schön, dass wir uns wieder einmal getroffen haben. Ich faxe Ihnen den Artikel über die neue Rechtsprechung gleich morgen zu.«

Vernetzend: »Dort ist Jürgen. Du weißt schon, wir joggen zusammen. Komm mit, dann lernst du ihn mal kennen.« Oder: »Da drüben steht Frieder Baumann. Er hat meinem Sohn letztes Jahr Nachhilfe in Französisch gegeben. Wenn Sie möchten, mache ich Sie mit ihm bekannt – vielleicht kann er Sie bei der Betreuung der französischen Delegation unterstützen.«

Am Ball bleiben

Sie können beim Smalltalk in der U-Bahn, nach dem Theater oder beim Sommerfest des Ortsvereins noch so charmant lächeln und gewandt plaudern – wenn sich der Kontakt nicht im Sande verlaufen soll, müssen Sie das Pflänzchen Sympathie pflegen: Rufen Sie kurz an, und geben Sie die versprochene Adresse durch, schreiben Sie ein paar Zeilen und legen Sie ein Foto dazu, schlagen Sie eine Verabredung zum Mittagessen vor, schreiben Sie eine Karte aus dem Urlaub, schicken Sie einen Blumenstrauß als Dankeschön für einen guten Tipp.

Allerdings: Übertreiben Sie es nicht. Lassen Sie neuen Bekannten immer auch die Möglichkeit des taktvollen Rückzugs. Nicht jede gelungene erste Begegnung wird sich zu einer tiefen Freundschaft oder auch nur losen Bekanntschaft entwickeln. Das mag schade sein, ist aber kein Grund für Selbstzweifel: Ein vergnügter Abend, eine angeregte Fachsimpelei, ein flüchtiges Eintauchen in die Lebensgeschichte eines fremden Menschen besitzen einen Wert an sich – auch wenn sich nicht mehr daraus entwickelt.

Einen Moment lang dachte ich, vielleicht könnte ich von dem Übersetzer-Symposium in Singen erzählen, bei dem ich kürzlich eingeladen war und mich so fürchterlich gelangweilt hatte, dass wahrlich nichts dabei war, darüber zu erzählen, aber ich verwarf es sofort, weil es mir, gerade wenn ich erwähnen würde, wie langweilig das Symposium gewesen war, gefährlich nah an Understatement zu geraten schien, und wenn ich löge, es wäre interessant gewesen, wäre das Prahlerei.

Birgit Vanderbeke,
Alberta empfängt einen Liebhaber

4. Der Stoff, aus dem Gespräche sind

Auch wenn wir es nur ungern zugeben: Die meisten von uns scheuen weder Aufwand noch Mühe, um sich auf das Zusammensein mit anderen vorzubereiten. Wir putzen die Wohnung, weil sich die Schwiegereltern übers Wochenende angesagt haben, suchen stundenlang nach dem passenden Outfit für den Juristenball, backen Kuchen für den Nachmittagskaffee in der Mutter-Kind-Gruppe, zwängen uns für die Vernissage ins kleine Schwarze und stärken ergeben die Damastservietten für das Abendessen mit dem Chef. Nur eines überlassen wir dem Zufall und hoffen das Beste: die Art und den Verlauf der Gespräche. Perfekt kostümiert und frisiert betreten wir die stimmig ausgeleuchtete

Bühne – ohne auch nur einen Blick ins Textbuch geworfen zu haben.

Gesprächsprofis kann das nicht passieren: Kein Staatsanwalt hält sein Plädoyer aus dem Stegreif, kein guter Verkäufer stürzt sich unvorbereitet in ein Kundengespräch, kein Talkmaster tritt seinen Gästen ohne Vorkenntnisse gegenüber. Wenn Johannes B. Kerner mit Sarah Wiener und Tim Mälzer kocht und Sabine Christiansen mit Alice Schwarzer talkt, ist die Zwanglosigkeit der Gespräche auch das Ergebnis einer gründlichen Vorarbeit. Was den Gesprächsprofis recht ist, ist uns Laien billig: Je mehr wir über die Interessen unserer Gesprächspartner wissen und je mehr Gesprächsthemen wir im Repertoire haben, desto besser stehen die Chancen, dass Gespräche eine Eigendynamik entwickeln.

Bescheid wissen, mitreden können

Menschen, die leicht und unbefangen mit den unterschiedlichsten Leuten über Gott und die Welt plaudern können, führen fast immer ein ausgefülltes Leben. Ihr Alltag umfasst mehr als Büro, Kinder und Haushalt, und sie bewegen nach Feierabend nicht nur die Fernbedienung. Zwanglose Smalltalker spielen Tennis und laufen Ski, gehen regelmäßig in die Oper, malen, surfen im Internet, spielen Klavier oder Saxophon und sind begeisterte Hobbyköche. Sie engagieren sich im Elternbeirat, in der Lokalpolitik oder bei den Wirtschaftsjunioren. Sie organisieren Kindergartenfeste, Weinproben und Studienfahrten in ausländische Partnerstädte. Und vor allem: Sie lesen und gehen mit wachen Augen durch die Welt. Weil sie gut informiert und vielseitig interessiert sind, können sie mit fast jedem Thema etwas anfangen.

Wer im Fernsehen regelmäßig auf Magazine wie *Monitor*, *Wiso*, *Aspekte* oder *Mona Lisa* zappt und die morgendliche Zeitungslektüre nicht auf Politik und Lokales beschränkt, ist selten um ein Thema verlegen:

- Sie rufen einen Kunden in einem anderen Bundesland an: »Ich habe gehört, die Würzburger Autobahn war wegen Sturmschäden gesperrt. Ich hoffe, Sie sind heute Morgen trotzdem ohne Stau ins Büro gekommen?«
- Sie plaudern mit einer Geschäftspartnerin, von der Sie wissen, dass sie gern und oft ins Theater geht: »Hatten Sie schon Gelegenheit, die neue *Hamlet*-Inszenierung zu sehen? Ist sie wirklich so ungewöhnlich, wie man sich erzählt?«
- Der Sohn Ihrer Freundin führt Ihnen sein neuestes Computerspiel vor: »Hast du auch *Fußballmanager 06* auf deinem PC? Tatsächlich? Das würde ich gerne mal sehen.«

Allerweltsthemen sind besser als ihr Ruf

Wenn Gespräche nicht in Gang kommen, so liegt das fast immer daran, dass die Gesprächspartner an ihrem eigenen Ehrgeiz scheitern: Sie setzen sich mit dem Anspruch unter Druck, etwas besonders Geistreiches, Schlagfertiges, Ausgefallenes sagen zu müssen. Mit dem Erfolg, dass ihr Kopf leer und ihre Zunge wie gelähmt ist. Hat man sich dagegen erst einmal von der Erwartung an einen ausgefallenen Einstieg befreit, liegen die Themen auf der Hand: Sport, Reisen, Bücher, Filme, die Kinder, der Garten, die Börse, das Internet ...

Das Wetter

Die Engländer wissen es längst: Zumindest als Gesprächseinstieg ist das Wetter besser als sein Ruf. Wie kein anderes Thema ist es wirklich allen Gesprächspartnern gemeinsam. Und der Weg vom Wetter zu anderen Themen ist kurz: der anstehende Osterurlaub in den Bergen, das geplante Picknick am Wochenende, die verhagelte Obstbaumblüte, die ins Wasser gefallene Radtour.

Sushi, Steak und Saltimbocca

Viele Köche verderben den Brei. Das mag sein. Aber wenn zwei, drei Möchtegern-Siebecks zusammensitzen, läuft das Gespräch wie von selbst: Der beste Biobauer im Landkreis, das Rezept für das garantiert nicht zusammenfallende Käsesoufflé, die Vorzüge von

Induktionsherden, der hauseigene Kräutergarten, der Nutzen von Isogetränken. Und auch die staunende Zuhörerschaft kommt nicht zu kurz: Dass Parmesan aus der Tüte ungenießbar ist und Risotto am Schluss tüchtig mit einem Holzlöffel aufgeschlagen werden muss, sind Erkenntnisse, die sich am heimischen Herd mühelos umsetzen lassen.

Winden, Salbei, Schneckenkorn

Von den ersten Krokussen bis zum letzten Rasenschnitt ist der Garten ein ergiebiges Thema: Schön, dass man endlich den Frühling ahnt. Ihre Pfingstrosen blühen wieder herrlich. Wir bräuchten dringend Regen. Wie heißt der Strauch mit den roten Beeren? Die Nacktschnecken haben uns sämtliche Zucchinipflanzen kahl gefressen. Haben Sie heuer auch so eine reiche Apfelernte?

Pleiten, Pech und Pannen

Gebeutelt von den Widrigkeiten des Lebens, sind sie der Star auf jeder Party: Pechvögel, die obendrein noch lustig erzählen können. Von den Pfotenabdrucken auf dem versandfertigen Manuskript, weil die Katze nicht begreifen will, dass ein Schreibtisch kein Spielplatz ist. Von dem sorgfältig gepackten Koffer, der mitten in der überfüllten Abflughalle um zwei Kilo Übergewicht erleichtert werden musste. Oder von der missglückten Philadelphia-Torte, mit der man die Schwiegereltern beeindrucken wollte. Wer solche Erfahrungen mit anderen teilt, sorgt für gute Unterhaltung und hat die Lacher auf seiner Seite.

Und außerdem

Die Krimis von Henning Mankell, die Hackerangriffe auf Yahoo, das 1:2 gegen Herta BSC, Gobelinstickerei, französischer Rotwein und kalifornischer Chardonnay, die Siegerfrage bei »Wer wird Millionär?« und die neuen deutschen Telenovelas, die Schlössertour durch Frankreich, der Campingurlaub in der Lüneburger Heide, der Segeltörn im holländischen Wattenmeer, die Schnakenplage, die Grippewelle, der lauschige Biergarten auf dem Land, die Hobby-Künstler-Ausstellung in der Alten Mühle, die Immobilienpreise auf Sylt, die Heilwirkung von Bachblüten, die stürmische Entwicklung der Bioinformatik.

Die hohe Kunst der Konversation

Entgegen landläufiger Meinung gibt es also kaum ein Thema, das der Smalltalk nicht berühren könnte. Der Unterschied zwischen unverbindlichem Geplauder und ernsthafter Diskussion liegt weniger in der Wahl der Themen als in der Art ihrer Behandlung. Drei Dinge nämlich sind im Smalltalk strikt verboten: zu streiten, zu jammern und mit Spezialwissen zu prunken.

Pflegen Sie die Konversation – das plaudernde Miteinander

Während es bei Fachdiskussionen darum geht, konträre Positionen zu thematisieren und unter einen Hut zu bringen, betont der Smalltalk eher die Gemeinsamkeiten als die Unterschiede: Dass die Aktien am Neuen Markt Ihrer Meinung nach hoffnungslos überbewertet sind – darüber diskutieren Sie mit Ihrer Bankberaterin. Beim Smalltalk verzichten Sie auf polarisierende Vokabeln wie »Hausfrauenhausse« und »deadcom-Companies« und sagen verbindlich: »Die dotcom-Firmen haben sich in den letzten Monaten unglaublich rasant entwickelt.«

Sprechen Sie über die schönen Dinge des Lebens

Gespräche im Familien- und Freundeskreis leben auch davon, dass wir uns öffnen und uns Weltschmerz, Frust und Sorgen von der Seele reden. Beim Smalltalk gelten andere Regeln: Wer an der Festtafel, im Umkleideraum und über den Gartenzaun hinweg unnötigerweise mit einer Bemerkung über den schweren Unfall auf der A8 einsteigt (»Haben Sie das heute Morgen auch gehört? Das ist doch schrecklich, nicht?«), rührt bei den anderen an tiefsitzende Ängste, an die sie womöglich nur ungern erinnert werden. Besser kommen Themen an, die die anderen zum Lächeln oder Staunen bringen – und Sie selbst zum Strahlen.

Darüber spricht man nicht

Für die Gräfin Schönfeldt gehört es zum »1 x 1 des guten Tons«, Geld, Politik und Klatsch aus der Konversation herauszuhalten. Auch wenn viele Menschen das nicht mehr so eng sehen: Eine gewisse Vorsicht ist bei diesen Themen weiterhin angesagt. Jedenfalls beim Smalltalk.

Über Geld redet man nicht, man hat es

Der ehernen Regel zum Trotz hat sich das Sprechen über Geld in den letzten Jahren grundlegend verändert: Anlagestrategien, Vermögensbildung, Aktien, Grundstückspreise und Baufinanzierungen entwickeln sich zunehmend zu einem ergiebigen und akzeptierten Gesprächsthema. Dennoch ist Fingerspitzengefühl angebracht. Vor allem, wenn die finanziellen Möglichkeiten der Gesprächspartner unterschiedlich sind. Im Prinzip ist nichts dagegen zu sagen, wenn jemand vom phantastischen Menü im Sterne-Restaurant schwärmt, das seine 100 Euro wirklich wert gewesen ist. Wenn die anderen ähnliche Summen für kulinarische Genüsse ausgeben können, ist das in Ordnung und vielleicht der Auftakt zu einem angeregten Smalltalk über Berliner In-Lokale und Geheimtipps im provencalischen Hinterland. Sitzt dagegen am gleichen Tisch jemand, der sich höchstens mal ein Essen in der Pizzeria um die Ecke leistet, sind Preisangaben tabu.

Jetzt red i

Politische Diskussionen gehören in den Bundestag, in Parteiversammlungen, in Talkshows, vielleicht auch an den Stammtisch – nicht aber an die Festtafel zur Feier des Firmenjubiläums oder in die Wohnlandschaft des Geschäftsfreundes. Missstimmung, vielleicht sogar Streit ist nämlich vorprogrammiert, wenn politische Meinungen aufeinander prallen. Während der eine gegen den Abbau von Sozialleistungen wettert, giftet sich der andere über seinen Spitzensteuersatz. Was dabei herauskommt, ist höchstens ein verdorbener Abend – die Lösung der gesellschaftlichen Probleme sicher nicht.

Klatsch und Tratsch

Gemeinsames Lästern wirkt verbindend. Klatschgeschichten über Polit- und Medienstars sind eine Frage des Geschmacks. Klatschgeschichten über gemeinsame Bekannte dagegen verbietet der Takt. Wer hinter vorgehaltener Hand über Evas Zickigkeit, Eugens Karrierismus und die Dauerkrise der Ohlenschlägers munkelt, outet sich selbst als neugierig und wenig vertrauenswürdig. Und als wenig selbstbewusst: Menschen mit gesundem Selbstwertgefühl haben es schließlich nicht nötig, sich über die Unzulänglichkeiten und Missgeschicke ihrer Mitmenschen aufzuwerten.

Political Correctness

Frauenfeindliche Sprüche, Witze über Behinderte, rassistische Bemerkungen sind politisch falsch. Wer sie nicht lassen kann, riskiert unter Umständen das berufliche und gesellschaftliche Aus. Menschen mit Takt trampeln allerdings auch ohne Angst vor Sanktionen nicht auf den Gefühlen anderer herum.

Nie sollst du mich befragen

Und wenn es Sie noch so sehr interessiert: Manche Fragen stellt man besser nicht. Was man fragen kann und was nicht, hängt ganz davon ab, wie vertraut das Verhältnis zwischen den Gesprächspartnern ist. Wie viel Wert jemand auf seine Privatsphäre legt. Wer dem Gespräch zuhört.

- »Tolle Haarfarbe. Ist die echt?« Unter Freundinnen ist diese Frage normalerweise o.k., die Frau des Chefs könnte irritiert sein.
- »Herr Mayer, ich habe gehört, Ihre Firma baut Stellen ab. Sie müssen sich doch keine Sorgen machen?« Vielleicht möchte Herr Mayer für diesen Abend seine Sorgen mal vergessen. Oder sie nur mit seiner Frau teilen. Oder Frau Mayer steht gera-

de daneben und weiß noch von nichts, weil Herr Mayer sie nicht beunruhigen wollte.

- »Warum habt ihr eigentlich noch keine Kinder?« Nicht jeder gibt bereitwillig Auskunft über verklebte Eileiter oder zu wenig aktive Spermen. Oder möchte darüber Rechenschaft ablegen, warum ihm oder ihr die berufliche Entwicklung wichtiger ist.

Ich würde dort wahrscheinlich überhaupt niemanden kennen, und ich bin auch nicht der Typ, der sich leicht bekanntmacht oder locker plaudert, aber es sind ja noch die Bilder da, Gott sei Dank, im Zweifelsfall sehe ich mir einfach immer wieder die Bilder an.

Franziska Stalmann,
CHAMPAGNER UND KAMILLENTEE

5. Schüchternheit überwinden

Gemeinsames Pferdestehlen liegt ihnen nicht. Sie gehen lieber ins Konzert als in die Kneipe. Sie haben Angst vor vielen Menschen. Sie ergreifen ungern als erste das Wort und warten lieber ab, bis sie gefragt werden. Öffentliche Auftritte, Verkaufstelefonate oder Vorstellungsgespräche jagen ihnen Schauer den Rücken hinunter. Sie scheuen zurück vor lauten Witzen und indiskreten Fragen. Sie haben ein starkes Bedürfnis, geliebt und akzeptiert zu werden, fühlen sich aber oft isoliert, inkompetent und schmerzlich anders. Sie werden häufig übersehen oder gelegentlich zu Unrecht als kalt und arrogant abgelehnt. Sie sind schüchtern.

Was es heißt, schüchtern zu sein

Der amerikanische Entwicklungspsychologe Jerome Kagan geht davon aus, dass bei etwa einem Drittel der schüchternen Erwachsenen Schüchternheit zum biologischen Programm gehört. Möglicherweise haben sie eine chronisch hohe Konzentration von Noradrenalin und anderen Hirnsubstanzen geerbt. Dieser hohe Noradrenalin-Spiegel erregt sowohl den Mandelkern als auch das sympathische Nervensystem über Gebühr. Dadurch werden Angstreaktionen wie schnellerer Herzschlag oder höherer Blutdruck ausgelöst. Immer wieder müssen Schüchterne feststellen: Die Begegnung mit unvertrauten Menschen und Umgebungen ruft ein physiologisches Unbehagen hervor, das sie verständlicherweise lieber vermeiden möchten. Menschenscheu und Kontaktarmut sind die Folge.

Bei zwei Dritteln der Schüchternen wird der Grundstein der sozialen Ängstlichkeit durch belastende Lebensereignisse gelegt: Ablehnende, zurückweisende Eltern können daran schuld sein, Erziehungsmethoden, die eher auf Druck als auf Ermutigung setzen, aber auch Brüche in der Biographie wie Scheidung, Arbeitslosigkeit oder eine chronische Krankheit.

Ob schüchtern geboren oder schüchtern geworden: Schüchterne schleppen eine Hypothek mit sich herum, die in unserer erfolgsorientierten Gesellschaft wenig gefragt ist: Ängstlichkeit, Verschlossenheit, Überempfindlichkeit. In ihrem Kopf laufen ständig verunsichernde Fragen ab: Drücke ich mich klar aus? Merkt man, dass ich nervös bin? Wie sehe ich aus? Wirke ich verkrampft? Spreche ich zu laut? Halte ich mich gerade? Diese zwanghafte Selbstbeobachtung löst Stresssymptome aus: Herzklopfen, ein flaues Gefühl im Magen, ein leeres Gefühl im Kopf, schweißnasse Hände, Erröten, Augenflackern.

Die positive Seite der Schüchternheit

Unsicher wie sie sind, überbewerten Schüchterne ihre Defizite und übersehen ganz, dass Schüchternheit und gesellschaftlicher Erfolg einander keineswegs auszuschließen brauchen. Der Beweis: Prominente von Prinzessin Diana bis Steffi Graf, von David Letterman bis Yitzhak Rabin schafften es trotz ihrer Schüchternheit, die Menschen für sich zu gewinnen. Sie haben gelernt, mit ihrer Scheu zu leben und das Beste aus ihrem Naturell zu machen. Dabei kamen ihnen die gleichen Eigenschaften zugute, die auch weniger berühmte Schüchterne auszeichnen: Sensibilität und menschliche Wärme. Sie sind auf Dauer für gute Gespräche mindestens ebenso wichtig wie Selbstsicherheit und ein gewandtes Auftreten.

Amerikanische Untersuchungen haben gezeigt: Testpersonen, die schüchterne Menschen erst einmal näher kennen gelernt haben, stufen sie als sympathischer und intelligenter ein als die auf den ersten Blick so beeindruckend geschliffenen Siegertypen. Wahr ist allerdings auch: Bei den ersten ein, zwei Begegnungen, die mehr als spätere Begegnungen vom Smalltalk leben, werden Schüchterne häufig als langweilig, unengagiert und uninteressant wahrgenommen. Das liegt daran, dass sie das Licht scheuen und anderen Menschen kaum Anhaltspunkte über ihre Meinungen, Interessen und Gefühle geben.

Um besser anzukommen, müssen Schüchterne deshalb lernen, in neuen Situationen wenigstens hin und wieder einmal eine Bemerkung einzuwerfen. Dabei kommt es gar nicht so sehr auf besondere Schlagfertigkeit oder Kompetenz an als einfach darauf, sich bemerkbar zu machen und sich zu beteiligen. Der Schüchternheitsforscher Philip Zimbardo hat es ausprobiert: Er versuchte, verschlossene Personen in einer Testgruppe per Lichtzeichen öfter zum Reden zu bringen. Mit Erfolg: Sobald die Schüchternen sich ein Herz fassten und mehr zum Gespräch beisteuerten, stieg ihre Beliebtheit innerhalb der Gruppe mit einem Schlag an.

Schüchternheit akzeptieren

Schüchternheit ist ein Wesenszug, der sich nicht abschütteln lässt. Es gehört zu Ihrem Naturell, dass Ihr Körper Angstsignale wie Schweißausbrüche oder Magenkrämpfe aussendet, sowie Sie mit fremden

Menschen und Umgebungen konfrontiert sind. Dagegen helfen auch keine Entspannungsübungen im stillen Kämmerlein: Sie werden Ihren Körper nicht davon abhalten, in Angstsituationen sein angeborenes physiologisches Programm abzuspulen.

Versuchen Sie deshalb gar nicht erst, sich gegen die äußerlichen Anzeichen innerer Erregung zu stemmen. Lernen Sie lieber, sie in einem Prozess der *Desensibilisierung* zu akzeptieren, auszuhalten und zu managen. Und besinnen Sie sich auf die Stärken, die hinter den vermeintlichen Schwächen verborgen liegen: In punkto Einfühlungsvermögen sind Sie jedem egomanischen Siegertyp überlegen. Das ist Ihr Markenzeichen, diese Fähigkeit sollten Sie pflegen und betonen.

Die Latte höher legen

Desensibilisierung funktioniert am besten, wenn Sie Schritt für Schritt vorgehen und die Anforderungen an sich selbst ganz allmählich steigern. Spielen Sie die Szenarien, die Ihnen Angst einjagen, deshalb erst einmal gedanklich durch: Malen Sie sich lebhaft aus, wie Sie einen Raum voller fremder Menschen betreten, wie keiner Sie beachtet, wie Sie sich dabei fühlen, wie Sie sich an Ihrem Orangensaft festhalten, wie Sie sich an einen Tisch in Wandnähe stellen, wie sich jemand zu Ihnen gesellt und ein Gespräch anfängt. Wie Sie herumstottern und nicht wissen, was Sie sagen sollen.

Lassen Sie die Gefühle der Verlegenheit, der Scham, der Unsicherheit zu und nehmen Sie sie an. Sie merken: Sie vergehen genauso, wie sie gekommen sind.

Setzen Sie sich von nun an freiwillig und systematisch Gesprächssituationen aus, vor denen Sie Angst haben: Dabei genügt es für den Anfang schon, wenn Sie ein kleines Gespräch mit der Marktfrau oder Ihrem Sitznachbarn im Seminar anfangen. Nach und nach legen Sie die Latte höher:

- Verkneifen Sie es sich, wie alle Jahre eine Ausrede für die Teilnahme am Betriebsausflug zu erfinden.
- Melden Sie sich in Meetings mindestens einmal zu Wort, statt wie bisher nur zu reden, wenn Sie gefragt werden.
- Feiern Sie Ihren Geburtstag nicht wie sonst im engsten Familienkreis, sondern geben Sie einen kleinen Stehempfang.

Am Anfang werden Sie bei diesen Übungen fürchterlich nervös sein. Nehmen Sie Ihre Erregung als unangenehm, aber ganz normal hin – ungefähr so wie das Schwitzen beim Sport. Widerstehen Sie dem Verlangen, die innere Anspannung zu unterdrücken oder zu überspielen. Sie werden merken: Mit der Zeit lässt Ihre Erregbarkeit in sozialen Situationen nach. Sie werden unempfindlicher und erleben immer mehr Gesprächssituationen als relativ erträglich.

Es ist unrealistisch, sich vorzunehmen: »Ab heute trete ich selbstbewusst auf und lasse mich nicht mehr in die Ecke drängen.« Das kann nicht klappen. Besser ist es, sich machbare, überprüfbare Ziele zu setzen: Ich frage zwei Leute, ob es sich lohnt, in den neuen Spielberg-Film zu gehen. Oder: Ich antworte nicht einfach mit *ja*, *nein* oder *gut*, sondern in vollständigen Sätzen. Oder: Ich überlege mir schon zu Hause zwei, drei Themen, über die ich mich mit Kunden über das rein Geschäftliche hinaus unterhalten kann.

Auch gut: Informieren Sie sich nach Möglichkeit vorher, wem Sie begegnen werden. Wenn Sie wissen, wen Sie bei einer geschäftlichen Besprechung treffen werden, können Sie sich zumindest die Eröffnung vorher zurechtlegen: »Frau Eisler-Strehle sagt, Ihre Abteilung ist gerade umgezogen?« Oder: »Ich habe gehört, Sie waren bis gestern bei der CeBit?«

Rückschritte einkalkulieren

Rechnen Sie damit, dass nicht alle Ihre Bemühungen, offener auf Menschen zuzugehen, gleich von Erfolg gekrönt sein werden. Misserfolge sind unvermeidlich: Wenn Sie sich zum ersten Mal auf ein Snowboard stellen, erwarten Sie ja auch nicht, noch am selben Tag die Halfpipe zu meistern. Nehmen Sie Versprecher, Stottern, linkische Bewegungen oder einen schleppenden Gesprächsverlauf gelassen in Kauf: Meister fallen eben nicht vom Himmel. Aber mit jedem Einzelschritt kommen Sie Ihrem Ziel ein Stückchen näher.

So stand Ellie Henderson, ihrer Kurzsichtigkeit wegen den Hals vorgestreckt, da, und es war nicht sosehr sie selbst, die sich etwas daraus machte, niemanden zu haben, mit dem sie reden konnte […]; sondern Richard selbst, der fühlte, dass er das arme Geschöpf nicht den ganzen Abend weiter so allein dort stehn lassen konnte. »Na, Ellie, und wie geht's dir immer?«, sagte er auf seine gutherzige Art. Und Ellie Henderson, die nervös wurde und errötete und fühlte, dass es außerordentlich nett von ihm war, herzukommen und mit ihr zu plaudern, sagte, dass viele Leute Hitze stärker empfänden als Kälte. »Ja, das ist wahr«, sagte Richard Dalloway. »Ja.« Aber was noch sagte man?

Virginia Woolf, Mrs. Dalloway

6. Die Kunst, auf andere einzugehen

Nicht nur für Schüchterne gilt: Man muss kein großer Redner sein, um gut anzukommen. Genauso wichtig wie Witz, Ausstrahlung und Schlagfertigkeit sind beim Smalltalk nämlich Interesse, Takt und Aufmerksamkeit: sich nach dem Backenzahn der Nachbarin zu erkundigen, auch wenn man in Eile ist; dem Cousin herzlich zu seiner Beförderung zu gratulieren, obwohl es für einen selbst zurzeit beruflich nicht gut läuft; die Kollegin auf eine Internet-Adresse hinzuweisen, die für ihren Marketingbericht nützlich sein könnte; den ausführlichen Schilderungen der Schwiegermutter über ihre Gesundheitsprobleme geduldig zuzuhören.

Empathie und Menschenkenntnis

Jede Form der Kommunikation erfordert Empathie, die Fähigkeit, uns in das Erleben, die Stimmungen, die Erwartungen anderer Menschen hineinzuversetzen – auch dann, wenn wir selbst anders denken und fühlen. Das setzt voraus, dass wir in der Lage sind, nicht nur die Worte, sondern auch den Gesichtsausdruck, den Klang der Stimme, die Gesten und die Körperhaltung unseres Gegenübers richtig zu deuten. Für unsere Beziehung zu anderen ist nämlich die Art und Weise, wie etwas gesagt wird, noch wichtiger als das, was gesagt wird: Die Unsicherheit in der Stimme eines Gesprächspartners oder sein skeptischer Blick sind nonverbale Signale, die es zu entschlüsseln und aufzunehmen gilt.

Je mehr Empathie wir aufbringen, desto leichter fällt es uns, uns auf die Gefühlslage eines Gegenübers einzuschwingen: zum Beispiel, indem wir Mimik, Körperhaltung oder Sprachrhythmus des anderen aufnehmen oder uns auf sein Erregungsniveau einstellen. Im Idealfall geht das so weit, dass bei Gesprächspartnern ähnliche physiologische Daten wie Herzschlag oder Schweißabsonderung gemessen werden können. Diese körperliche Abstimmung bewirkt, dass sich auch unsere Stimmungen einander annähern. Wortlos entsteht so das Gefühl seelischer Übereinstimmung.

Gesellschaftlich gewandte Menschen können diese Abstimmung auf subtile Weise steuern – oft ohne sich dessen überhaupt bewusst zu sein: Sie merken, dass ihre Gesprächspartnerin eine Abwehrhaltung einnimmt und gehen unmerklich ein paar Zentimeter auf Distanz, um ihr mehr Raum zu geben. Sie berühren den Kollegen, der bemüht locker vom Anpfiff des Chefs erzählt, kurz an der Schulter. Mit seismographischem Gespür nehmen sie wahr, dass dem anderen eine Frage auf der Zunge liegt und geben ihm Gelegenheit, sie zu äußern. Indem sie Gefühlssignale aufnehmen und beantworten, vermitteln sie anderen Menschen wortlos das Gefühl, sie zu verstehen.

Sich für andere interessieren

Bestimmt ist Ihnen schon oft aufgefallen, dass die meisten Menschen über nichts so gern reden wie über sich und ihre Belange. Ihre Hausfinanzierung, ihre Herzkatheteruntersuchung, ihren Urlaub, ihren neuen Stromanbieter, ihre Kinder, ihren Chef, das Konzert, in dem sie kürzlich waren, das Buch, das sie gerade lesen, und die Gehaltserhöhung, die sie demnächst bekommen werden. Und fast immer schwingt darin eine Spur von Wettbewerb mit: Mein Auto ist sparsamer (wenn schon nicht größer), wir beziehen unser Olivenöl direkt aus der Emilia Romagna, unsere Jennifer konnte bei der Einschulung schon fließend lesen, mein Magengeschwür wurde vom Chefarzt persönlich operiert.

Um in diesem unausgesprochenen Wettbewerb nur ja nicht den Kürzeren zu ziehen, sehen wir uns nun unsererseits veranlasst, unsere eigenen Errungenschaften ins Spiel zu bringen. Geradezu zwanghaft warten wir auf ein Stichwort, das es uns erlaubt, die Aufmerksamkeit schleunigst auf uns zurückzulenken: »Apropos Zahnkrone. Mein Zahnarzt hat mir da kürzlich einen Kostenvoranschlag unterbreitet ... ich sage Ihnen, haarsträubend.« Statt nachzuhaken: »Und wie haben Sie dann die Weihnachtstage ohne Krone überstanden?«

Dabei können wir nur gewinnen, wenn wir unseren Gesprächspartnern unsere ungeteilte Aufmerksamkeit widmen: Gesprächsstoff, Sympathie, Wissen und nicht zuletzt Souveränität.

Gesprächsstoff. Wer andere ermutigt, von sich zu erzählen, hält Gespräche mühelos in Gang. Die Frage »Was soll ich bloß sagen?« erübrigt sich. Und auch die unbehaglichen Pausen entfallen, in denen wir im Raum herumschauen, verstohlen auf die Uhr blicken und dem anderen schon zum dritten Mal versichern, die Forellenterrine schmecke wirklich ausgezeichnet.

Sympathie und Nähe. Wer Gehör findet, fühlt sich anerkannt. Das beziehungsschädliche Element des Wettbewerbs verliert an Bedeutung. Mit einem Mal kommen auch die Nachteile hinter den stolzen Erfolgen zur Sprache: zum Beispiel die zeitraubenden Reisen, die der hochdotierte Job mit sich bringt, oder die finanzielle Belastung, die das USA-Studium der Tochter für die Eltern darstellt. Offenbarungen dieser Art verbinden und schaffen Verständnis und Gemeinsamkeit.

Neue Ansichten und Einsichten. Wenn wir uns wirklich auf andere Menschen und ihre Erfahrungen konzentrieren, erweitern wir ganz nebenbei unseren Horizont. Wir lassen uns auf Themen außerhalb unseres eingefahrenen Interessenspektrums ein. Und erfahren dabei ganz nebenbei, dass jetzt der Moment günstig ist, um neues Heizöl zu bestellen. Oder dass Musik und Inszenierung des Musicals *Ludwig II.* gar nicht mal so platt sind, wie wir angenommen hatten.

Souveränität. Und schließlich: Die Großzügigkeit, Ihrem Gegenüber das Rampenlicht freiwillig und gerne eine Weile lang zu überlassen, gibt Ihnen Gelassenheit und Ruhe. Sie gewinnen an Ausstrahlung, Präsenz und Persönlichkeit.

Andere vorstellen

Wenn wir gefordert sind, zwei Menschen miteinander bekannt zu machen, ist blitzschnelles Abwägen gefragt: Wer wird wem zuerst vorgestellt? Die Anlageberaterin Sabine Strömer dem langjährigen Kunden Axel Thon – weil er als Kunde der Ranghöhere ist? Oder doch der Kunde der Bankerin – gemäß der Regel, dass die Frau den Namen eines ihr unbekannten Herrn immer zuerst erfährt? Moderne Knigges plädieren für die erste Variante: »Darf ich bekannt machen: Frau Dr. Strömer – Herr Thon.« So ist es korrekt – aber nicht besonders hilfreich.

Geschickte Kommunikatoren sorgen deshalb bei der Vorstellung dafür, dass Fremde sich von ihrer besten Seite zeigen können: »Herr Thon, ich möchte Sie mit unserer neuen Anlageberaterin bekannt machen: Frau Dr. Sabine Strömer. Frau Strömer kommt direkt von der London Business School zu uns und arbeitet sich zurzeit in das Vermögensmanagement ein. Frau Strömer, das ist Herr Axel Thon, ein langjähriger Kunde unserer Bank.« Frau Strömer kann sich freuen: So eingeführt, ist ihr ein Vertrauensvorschuss des Kunden sicher. Umgekehrt wird Herr Thon es zu schätzen wissen, Vermögensfragen mit einer derart kompetenten Mitarbeiterin besprechen zu können.

Allerdings muss diese ausführliche Art des Bekanntmachens dem Anlass entsprechen. Beim Raclette-Abend in lockerer Runde würden Sie Sabine Strömer einen schlechten Gefallen erweisen, wenn Sie sie den anderen Gästen als Überfliegerin präsentieren. Dort ist es kontaktförderlicher, über Berührungspunkte zu reden: »Sabine, das ist meine Nachbarin Katrin Schmidbauer. Sie unterrichtet Deutsch und Englisch am Anne-Frank-Gymnasium. Das ist Sabine Strömer, eine frühere Studienkollegin von mir. Sabine hat gerade ein Jahr in London verbracht.«

Wir sitzen in der Wohnlandschaft vor dem offenen Kamin, wie vier Gullivers im Land der Riesen, die Rückenlehne ist so weit entfernt, dass eine bequeme Haltung unmöglich ist, am besten hält man sich an seinem Glas fest, und plaudern locker kreuz und quer, die Unterhaltung ein Knäuel, das wir uns spielerisch zuwerfen, das Wetter, der Urlaub, gemeinsame Freunde, Sylvie hält die Fäden fest im Griff.

Marlene Faro, DIE FRAU DES WEINHÄNDLERS

7. Die Kunst, aus sich herauszugehen

Die Kunst, auf andere einzugehen, ihnen nicht die Show zu stehlen, Interesse zu zeigen und im Bedarfsfall auch einmal taktvoll zu schweigen, ist eine Facette des Smalltalks. Ihr Pendant ist die Kunst, aus sich herauszugehen: Sich aktiv in das Gespräch einzubringen. Andere mitzureißen. Sich über Anerkennung zu freuen, statt sie abzuschwächen. Den Gesprächsverlauf zu beeinflussen. Strategien, wie Sie sich ins rechte Licht rücken, ohne die anderen in den Schatten zu stellen, finden Sie in diesem Kapitel.

Optimismus und Begeisterung ausstrahlen

Je gefühlsbetonter ein Mensch sich ausdrückt, desto wahrscheinlicher ist es, dass sich seine Gefühle auf seine Zuhörer übertragen. Wie dieses Übertragen von Stimmungen funktioniert, beschreibt Daniel Goleman in seinem Erfolgsbuch *Emotionale Intelligenz*: »Sehr wahrscheinlich imitieren wir unbewusst die Emotionen, die ein anderer erkennen lässt, durch eine von uns nicht wahrgenommene Mimikry des Gesichtsausdrucks, der Gebärden, des Tonfalls der Stimme und anderer nonverbaler Anzeichen der Emotionen. Durch diese Imitation erzeugen wir in uns die Stimmung des anderen.« Dabei liegt es nahe, dass Menschen, die Begeisterung und Optimismus ausstrahlen, besser ankommen als Menschen, die andere mit ihrem Missmut und ihrer schlechten Laune anstecken.

Lassen Sie das Haar in der Suppe

Jeder von uns ist – wenn er die Wahl hat – lieber mit Menschen zusammen, die Spaß haben und sich amüsieren können. Mal ehrlich, welcher Gast ist Ihnen denn lieber? Tante Elsbeth, die gleich zur Begrüßung sagt: »Angelika, das Unkraut im Vorgarten müsste gezupft werden.« Oder die Schwiegermutter, die sich freut: »Schön habt ihr es hier, Kinder. Richtig romantisch.«

Eine positive Ausstrahlung beginnt deshalb damit, dass Sie sich das Lästern über Nichtigkeiten abgewöhnen:

- »Meine Güte, ist das voll hier.«
- »Wir werden alle nicht jünger.«
- »Die müssen den Lachs wohl erst angeln.«
- »Die Post kommt auch täglich später.«

Bemerken Sie lieber, wie Sie sich auf das lange Wochenende freuen, wie gut das Geburtstagskind aussieht, wie lecker die Vorspeise geschmeckt hat, dass der Briefträger jetzt vor den Feiertagen viel zu tun hat.

Gehen Sie aus sich heraus

Nur wer seine Begeisterung zeigt, kann andere begeistern. Ganz gleich, ob Sie von Ihrem Hausbau, dem Open-Air-Konzert im fürstlichen Schlosspark oder der Radtour durch die Mecklenburgische Seenplatte erzählen: Lassen Sie die anderen spüren, wie sehr Sie davon berührt oder fasziniert sind. Selbst wenn Sie normalerweise eher scheu und zurückhaltend sind, wird Ihre innere Bewegtheit Sie verwandeln: Ihre Augen strahlen, Ihr Körper strafft sich, Ihre Stimme wird tiefer, Ihre Sprache beredter, Ihre Gestik lebhafter. Sie wirken lebendig und ausdrucksstark.

Haben Sie keine Angst, Ihre Begeisterung könnte affektiert oder arrogant wirken. Normalerweise ist das nicht der Fall: Gesprächspartner können sehr gut unterscheiden, ob unser Enthusiasmus echt oder aufgesetzt ist. Wobei es natürlich Situationen gibt, in denen wir auch ehrliche Begeisterung besser im Zaum halten: Es wäre einfach taktlos, der früheren Nachbarin, die nach ihrer Scheidung in einer 2-Zimmer-Wohnung lebt, mit leuchtenden Augen von dem geplanten Dachausbau zu erzählen.

Finden Sie sich gut

Mal ehrlich: Wie sollen die anderen von uns überzeugt sein, wenn wir uns selber runtermachen (»Ich habe ja nicht studiert«, »Ich habe zwei linke Hände«, »Ich könnte das nie«) und jedes Lob abwehren (»Abgenommen? Ach was, nur geschickt kaschiert«).

Was wir da für Bescheidenheit halten, grenzt manchmal schon an Defätismus. Viele Gesprächspartner fühlen sich von so viel Schwarzmalerei eher unangenehm berührt. Und sie ärgern sich, wenn man ihre Komplimente zurückweist. Zu Recht: Schließlich sprechen wir ihnen damit Geschmack und Urteilsvermögen ab.

Versuchen Sie deshalb, künftig stärker zu Ihren Leistungen und Erfolgen zu stehen und Lob uneingeschränkt anzunehmen:

- »Wir sind sehr stolz, dass Sybille die Aufnahmeprüfung für die Musikhochschule geschafft hat.«
- »Es war gut, dass ich mich entschlossen habe, die Meisterprüfung zu machen.«
- »Ich bin froh, dass Ihnen mein Tipp weitergeholfen hat.«

Sie werden sehen: Sie wirken dadurch souveräner und gelöster. Und ganz und gar nicht arrogant.

Sich Gehör verschaffen

Es ist zum Verrücktwerden: Da hat man nun endlich den heiß umkämpften Auftrag bekommen und möchte in epischer Breite die verwickelte Vorgeschichte seines großen Coups schildern. Doch kaum hat man angefangen: »Stellt euch vor, die Stadt hat mir den Zuschlag für die Gestaltung des Werbematerials erteilt ...« und die Glückwünsche der anderen entgegengenommen, wendet sich das Gespräch auch schon wieder anderen Dingen zu. Klar, die anderen haben herzlich gratuliert ... aber so ganz Ohr ist eigentlich niemand gewesen. Irgendwie hatte man sich seinen großen Auftritt anders vorgestellt.

Viele Menschen machen die Erfahrung, dass sie zwar etwas Interessantes mitzuteilen haben, sich aber nicht so recht Gehör verschaffen können. Was ihnen fehlt, ist die Fähigkeit, ihr Thema publikumswirksam aufzubereiten.

Fassen Sie sich kurz

Im Zeitalter der Medien und Fernbedienungen sind die meisten Menschen an rasche Infohappen gewöhnt und wollen sich nicht auf ausführliche Monologe konzentrieren. Erzählen Sie deshalb Erlebnisse und Geschichten möglichst witzig und pointiert. Halten Sie Ihre Zuhörer nicht mit Details und langatmigen Erklärungen auf. Das gelingt am besten, wenn Sie die Geschichte von den vertauschten Koffern immer wieder im Geist durchspielen – so lange, bis Sie sie sparsam und trocken schildern können.

Setzen Sie das Publikum ins Bild

So wichtig es ist, Zuhörer nicht durch Details zu langweilen, so unerläßlich ist es, sie mit notwendigen Basisinformationen zu versorgen. Wer der neuen Bekannten erzählt: »Seit meiner Operation geht alles ein bisschen langsamer«, bringt die andere in Verlegenheit und den Gesprächsfluss ins Stocken: Um was für eine Operation handelt es sich da? Ist mitfühlendes Interesse angebracht? Oder würde eine Nachfrage nach der Art des Eingriffs womöglich indiskret wirken? Mit konkreten Informationen ersparen Sie Ihrem Gegenüber unnötiges Rätselraten: »Seit meiner Bypass-Operation im vergangenen Jahr kann ich leider keine großen Radtouren mehr unternehmen.«

Stimmen Sie Ihr Thema auf die Zuhörer ab

Ein Informatiker, der die Tischrunde – einen Orthopäden, eine Anwältin, die nicht berufstätige Mutter von zwei Teenies – mit seinen Forschungsarbeiten auf dem Gebiet der Steuerungsprozessoptimierung unterhält, braucht sich nicht zu wundern, wenn ihm nach kürzester Zeit niemand mehr zuhört. Mehr Erfolg könnte er sicherlich verbuchen, wenn er über allgemein interessante Aspekte aus seinem Beruf reden würde: den OP-Roboter, der künstliche Hüftgelenke implantiert. Den

Neuen Markt. Die mangelhafte Informatikausbildung in den Schulen. Virtuelle Kasinos im Internet ...

Reichen Sie die Staffel weiter

Auch wenn Sie ein guter Erzähler sind: Sowie die Aufmerksamkeit nachlässt, ist es Zeit, die Bühne für einen anderen Gesprächsteilnehmer frei zu machen: »Aber ich glaube, meinen Vortrag in Brüssel haben wir jetzt ausgiebig beredet. Erzähl doch mal, Axel, wie kommt ihr denn mit eurer Nachbarschaftsinitiative voran?« Wenn Ihre Zuhörer aus Erfahrung wissen, dass Sie das Rampenlicht nicht überbeanspruchen, hören sie Ihnen umso lieber zu.

Sich auf den Gesprächspartner einstellen

Gute Smalltalker passen sich an: Klug und pragmatisch stimmen sie Verhalten und Themen auf die Denkkultur und Erwartungen des Gegenübers ab. Weil sie wissen, dass Smalltalk besser läuft, wenn sie ihre Wirkung auf andere bewusst steuern. Dabei müssen sie sich nicht verbiegen: Sie präsentieren im Umgang mit anderen einfach diejenigen Facetten aus ihrem Repertoire von Ansichten, Neigungen und Gefühlen, die dem Gespräch am dienlichsten sind.

Betonen Sie Ähnlichkeiten

Gemeinsamkeiten wirken verbindend. Deshalb reden gesellschaftlich erfolgreiche Menschen mit dem Nachbarn zur Rechten über die Datenautobahn und mit dem zur Linken über die dringend benötigte Umgehungsstraße. Sprechen mit Kunden hochdeutsch und mit der Gemüsefrau sächsisch oder Platt. Und machen beim Smalltalk nach dem Urlaub je nach Gegenüber mal das Country-Hotel mit dem 12 Hektar großen Park zum Thema und mal die kinderfreundlichen Sandstrände und den günstigen Wechselkurs.

Verhalten Sie sich der Situation entsprechend

Jeder von uns spielt im Leben viele Rollen. Je nachdem, auf welcher Bühne wir gerade stehen, ist deshalb ein anderes Verhalten angesagt:

- Auch wenn Herr Hördegen Patient in Ihrer Praxis ist – bei der Begegnung in der Konzertpause streichen Sie nicht das Arzt-Patienten-Verhältnis heraus: »Na, die Lachsbrötchen sind ja nicht das Richtige für Sie – bei Ihrem Cholesterinspiegel.« Sondern Sie sprechen wie mit anderen Bekannten auch über die erstaunlich professionelle Leistung des Bundesjugendorchesters, den frischen Beaujolais Primeur oder die überfällige Neubestuhlung des Konzertsaals.
- Und ganz gleich, wie formlos der Umgangston in Ihrer Firma ist: Der Anruferin am Telefon sagen Sie

nicht: »Der Nicki holt sich nur schnell einen Döner«, sondern: »Herr Dr. Sonnleitner ist gerade zu Tisch«.

Das Gespräch steuern

In einem Zweiergespräch oder in einer kleinen Runde von drei, vier Leuten sind alle dafür verantwortlich, dass das Gespräch nicht versickert, niemand außen vor bleibt und alle sich wohl fühlen. Je mehr die Gesprächsteilnehmer diesen Job übernehmen, desto reibungsloser läuft die Unterhaltung.

Brechen Sie das Schweigen

Es kommt in den besten Gesprächen vor: Plötzlich kommt die Diskussion zum Erliegen. Alle haben ihr Pulver verschossen. Wer es jetzt schafft, geistesgegenwärtig ein neues Thema anzubieten, darf sich der allgemeinen Sympathie sicher sein.

- »Übrigens, ich habe kürzlich Kurt und Marlene im Biergarten getroffen. Stellt euch vor ...«
- »Was halten Sie eigentlich von der Umorganisation des A-Bereichs?«
- »Kennen Sie die Theorie, dass zwei beliebige Bewohner der Erde nicht mehr als sechs Bekannte voneinander entfernt sind?«

Wechseln Sie unerfreuliche Themen

Es ist schwer, angemessen zu reagieren, wenn uns ein Thema verletzt oder beunruhigt: Entweder lassen wir die anderen aus Höflichkeit oder Harmoniebedürfnis weiterreden. Und hoffen, dass unsere beschwörenden Blicke sie dazu bringen werden, von sich aus das Thema zu wechseln. Oder aber wir reagieren aggressiv und arrogant. In unseren Antworten klingt durch: »Überlasst das mal mir, was versteht ihr denn schon davon.«

Souveräner ist es, in solchen Fällen klar zu sagen: »Lasst uns bitte über etwas anderes sprechen. Das Thema ist für mich nicht erfreulich.« Am besten schneiden Sie gleich selbst ein neues Thema an, von dem Sie wissen, dass Ihr Gegenüber es begierig aufgreifen wird: »Ich werde über deinen Vorschlag nachdenken. Was machen übrigens deine Urlaubspläne?«

Ziehen Sie Außenseiter ins Gespräch

Perfekte Smalltalker zeichnen sich dadurch aus, dass sie auch Neulinge, Schüchterne und Außenseiter ins Gespräch ziehen: Angenommen, die versammelten Elternpaare tauschen sich schon den halben Abend lang über Trotzphase und Einschlafprobleme aus. Dann ist es nett, dafür zu sorgen, dass auch die kinderlose Freundin ihr Wissen beisteuern kann: »Wir möchten Jonas demnächst in die musikalische Früherziehung schicken. Ute, du spielst doch Klavier und Querflöte. Welches Instrument würdest du denn für den Einstieg empfehlen?«

Auch gut: Verwickeln Sie Außenseiter in ein Zwiegespräch. Wenn die Schönen und Erfolgreichen des Familienclans sich über die schrägen Restaurant-Einrichtungen von Damien Hirst oder die Kunstszene in Berlin austauschen, dann bleibt der bodenständig gebliebenen Cousine eigentlich nichts anderes übrig, als still daneben zu sitzen. Eisen Sie sie aus der Gruppe los: »Ich glaube, ich vertrete mir mal ein bisschen die Füße. Christiane, hast du Lust mitzukommen? Erzähl doch mal, wie kommt ihr denn mit eurem Hausbau voran? Steht der Rohbau schon?«

»Ihr Rambouillet ist ja vollständig versammelt«, sagte er, die ganze Gesellschaft musternd, »die Grazien und die Musen.« Aber Fürstin Betsy konnte diesen Ton nicht ausstehen, dieses sneering, wie sie es nannte, und zog ihn daher als kluge Gastgeberin sofort in ein einsthaftes Gespräch über die allgemeine Wehrpflicht. Alexej Alexandrowitsch ließ sich sofort von diesem Thema hinreißen.

Tolstoj, Anna Karenina

8. Störungen, Klärungen

Es gibt Situationen, da ist es mit einem 4-Minuten-Gespräch nicht getan – auch wenn uns unser Gesprächspartner überhaupt nicht zusagt: Beim Achzigsten von Oma Paula, bei der Weihnachtsfeier im Betrieb oder auf dem Flug München – Chicago müssen wir die einsilbige Cousine, den witzereißenden Kollegen und den aufdringlichen Sitznachbarn wohl oder übel ertragen – um des lieben Friedens willen, aus Höflichkeit oder einfach mangels Fluchtmöglichkeit. Wie Sie sich in schwierigen Smalltalk-Situationen behaupten, erfahren Sie in diesem Kapitel.

Besserwisser, Miesepeter und Experten

Sie wissen, dass wir unsere Küche besser mit wischfester Latex- statt mit umweltfreundlicher Dispersionsfarbe gestrichen hätten (»Du wirst sehen, das hält keine zwei Jahre«). Sie belehren die Tischrunde über den Cholesteringehalt der raffiniert gewürzten und nicht eben billigen Langusten. Sie versorgen uns ungefragt mit dem Ratschlag, beim Tennisschwung die Schulter weiter zurückzunehmen (»So bekommt Ihre Rückhand nie mehr Druck«). Mit ihren Belehrungen und Orakelsprüchen reißen sie das Gespräch an sich, vermiesen uns die Freude und drängen uns in die Defensive. Zeit, ihnen den Wind aus den Segeln zu nehmen:

Geben Sie dem Besserwisser Recht

Es ist unbestritten: Langusten haben einen hohen Cholesteringehalt. Stimmen Sie dem genussfeindlichen Gesundheitsapostel deshalb mit großzügiger Geste zu: »Da gebe ich dir Recht. Aber ich finde, sie schmecken einfach herrlich.« Und wenden Sie sich dann wieder den anderen Gästen zu: »Jörg, du wolltest mir doch das Rezept für deine Minestrone mitbringen.«

Lassen Sie unerwünschte Kommentare ins Leere laufen

Am einfachsten ist es, die Expertenmeinung unkommentiert zur Kenntnis zu nehmen. Sagen Sie freundlich-interessiert: »Finden Sie?« – »Das ist ein Gesichtspunkt.« – »Das mag sein.« – »Das klingt interessant.« – »Du meinst, wir haben die falsche Farbe gewählt.« Damit vergeben Sie sich nichts: Ihre eigene Meinung zum Thema bleibt völlig offen.

Lassen Sie sich nicht auf Diskussionen ein

Es gibt immer Menschen, die felsenfest davon überzeugt sind, schwarz-gelb sei besser als rot-grün (oder umgekehrt), jedes Kind könne malen wie Miró und Prosecco schmecke besser als Veuve-Cliquot. Versuchen Sie erst gar nicht, sie eines Besseren zu belehren. In Diskussionen mit den streiterprobten Oberlehrern ziehen Sie ohnehin meistens den Kürzeren. Nicken Sie lächelnd und wechseln Sie das Thema.

Sprechen Sie das Verhalten des Besserwissers offen an

Beim Grillabend mit Freunden will Ihnen ein Bekannter hartnäckig einreden, dass Sie Ihre neue Eigentumswohnung mit Bausparverträgen weit günstiger finanziert hätten als mit Bankkrediten. Dann ist es legitim, den guten Ratschlägen ein Ende zu setzen: »Ehrlich gesagt, ich bin froh, dass die Finanzierung endlich steht. Heute Abend möchte ich mich gerne über etwas anderes unterhalten.«

Die Selbstdarsteller

Es gibt sie bei jedem Elternabend und jedem Familienfest: die Selbstdarsteller, die jeden Smalltalk als 1-Mann-Stück betrachten, in dem sie selbst der Hauptdarsteller sind und alle anderen das applaudierende Publikum. Oft beruflich erfolgreich und gut situiert nehmen sie ganz selbstverständlich an, dass sie auch im Privatleben immer und überall den Ton angeben.

Geben Sie dem Affen Zucker

Was uns bei zurückhaltenderen Menschen selbstverständlich ist, fällt uns im Gespräch mit selbstverliebten Siegertypen schwer: Ihre Leistungen und Erfolge anzuerkennen. Deshalb: Spenden Sie einem notorischen Platzhirschen statt des widerwilligen »Aha, toll«, das Sie sich für gewöhnlich abringen, doch gleich bei der Begrüßung ein freiwilliges Lob: »Ich habe gehört, Sie statten die neue Stadthalle aus. Schön, dass Ihr Büro den Auftrag bekommen hat.« So gestalten Sie Ihren Auftritt aktiv, statt passiv die Ihnen zugewiesene Rolle zu übernehmen. Obendrein dürfen Sie sich der Sympathien des anderen sicher sein.

Unterbrechen Sie den Redefluss

Stellen Sie bei nächstbester Gelegenheit eine schließende Frage, die auch Selbstdarsteller nur mit Ja oder Nein beantworten können: »Sie haben also vor, Ihre neue S-Klasse zu leasen?« Bringen Sie dann abrupt ein neues Thema ins Spiel: »Das ist sicherlich eine gute Idee. Haben Sie übrigens schon gehört? Demnächst soll hier im Ort ein Fahrradladen eröffnet werden.«

Flüchten Sie sich in Unverbindlichkeiten

Selbstdarsteller finden nichts dabei, Beifallsäußerungen ungeniert einzufordern: »Na, wie findet ihr das neue Wohnzimmer?« Die ehrliche Antwort, dass das desinfizierte Wohnen in Weiß, Chrom und Leder Ihnen Kälteschauer den Rücken hinunterjagt, verbietet die Höflichkeit. Am besten retten Sie sich ins Nichtssagend-Unverbindliche: »Wirklich, sehr geschmackvoll. Ich habe erst kürzlich einen großen Artikel über Le Corbusier gelesen.« Damit lassen Sie Ihre eigene Meinung offen, ohne Ihr Gegenüber zu brüskieren.

Die Schweiger

Für ihr Gegenüber sind sie eine harte Nuss: die großen Schweiger. Sie warten grundsätzlich darauf, dass der Andere anfängt zu reden. Und ganz gleich, welches Thema man ins Spiel bringt: Mehr als ein »ja«, »nein« oder »aha« ist ihnen nicht zu entlocken. Sie als Tischnachbarn zu haben, ist mühsam und verunsichernd: Ist die Gesprächspartnerin einfach schüchtern? Langweilt sie das Thema? Findet sie uns unsympathisch? Oder betrachtet sie heimlich amüsiert, wie wir uns winden, um doch noch ein Gespräch in Gang zu bringen?

Stellen Sie offene Fragen

Fragen wie »Haben Sie sich in Berlin gut eingelebt?« oder »Wie gefällt dir dein neuer Job?« beantworten die Wortkargen knapp mit »ja«, »es geht so« oder »gut«. Besser ist es zu fragen: »Welche Aufgaben umfasst eigentlich dein neuer Job?« Um höflich zu antworten, müssen sich auch die Schweiger zumindest zwei, drei Sätze abringen.

Halten Sie Pausen aus

Blicken Sie Ihrem Gegenüber erwartungsvoll ins Gesicht. Wenden Sie den Blick nicht ab. Das entstehende Schweigen braucht Ihnen nicht peinlich zu sein: Vielleicht empfindet Ihr Gesprächspartner eine Pause einfach nicht so schnell als unangenehm wie Sie. Behalten Sie die Nerven, auch wenn es Ihnen schwer fällt: Fast alle Menschen brechen früher oder später das Schweigen.

Bringen Sie Bewegung ins Gespräch

Bewegung beflügelt den Geist: Vielleicht bringt ein gemeinsamer Spaziergang oder ein Rundgang durch die neue Fertigungshalle einen schweigsamen Gesprächspartner dazu, mehr aus sich herauszugehen. Auch gut: Gemeinsame Aktivitäten. Schlagen Sie dem einsilbigen Schwiegervater eine Partie Schach vor und laden Sie den wortkargen Geschäftspartner zum Angeln ein.

Die flotten Busenfreunde

Sie schaffen es immer wieder, uns in Verlegenheit zu bringen: Jene distanzlosen Zeitgenossen, die sich uns ungeniert als Urlaubsbegleiter aufdrängen. Uns gleich beim ersten Treffen das »Du« anbieten. Uns auffordern, doch von der leckeren Sahnesauce auf ihren Tagliatelle zu probieren – ganz so, als gehörten sie zu unserem engsten Freundeskreis.

Lassen Sie unerwünschte Fragen ins Leere laufen

Wenn jemand Sie nach der Höhe Ihrer Gehaltserhöhung, Ihrem Alter oder dem Grund für die Trennung von Ihrem Freund fragt und Sie sich dazu nicht äußern möchten, stellen Sie sachlich fest: »Das ist eine interessante Frage.« Führen Sie dann das Gespräch wieder auf unverbindliches Terrain zurück: »Ich finde, die neue Buchhandlung ist wirklich ein Gewinn für das Viertel. Kommen Sie auch öfter hierher?«

Lassen Sie den Frager abblitzen

Es gibt Fragen, die so taktlos sind, dass Sie ihre Beantwortung rundheraus ablehnen dürfen:

- »Man hört, dass es bei Ihnen im Vorstand Querelen gibt. Ist da was dran?« – »Darüber möchte ich nicht sprechen.«
- »Habt ihr immer noch kein Baby?« – »Nein.«
- »Vier Kinder – ist das nicht ein bisschen viel?« – »Im Gegenteil.«

Die Damen waren dem Disput nicht lange gefolgt. Madame Kröger führte bei ihnen das Wort, indem sie in der appetitlichsten Art die beste Manier auseinander setzte, Karpfen in Rotwein zu kochen … »Wenn sie in ordentliche Stücke zerschnitten sind, Liebe, dann mit Zwiebeln und Nelken und Zwieback in die Kasserolle, und dann kriegen Sie sie mit etwas Zucker und einem Löffel Butter zu Feuer …«

Thomas Mann, BUDDENBROCKS

9. Smalltalk: Jederzeit, überall

Soviel steht fest: Smalltalk ist weit mehr als Partygeflüster. Er ist gefragt am Kopierer und am Krankenbett, vor der Ouvertüre und nach der Teambesprechung, mit Kunden und Gästen, bei der Zufallsbegegnung mit dem Ex-Freund und beim Business Lunch mit Geschäftspartnern. Jederzeit, überall gilt es, ein paar nette Worte zu finden, den richtigen Ton zu treffen und sich von der menschlichen Seite zu zeigen.

Situation 1: Lange nicht gesehen

Kennen Sie das? Das Gesicht am Nebentisch kommt Ihnen bekannt vor. Ist das nicht der Typ, der im Studentenwohnheim ein Stockwerk tiefer gewohnt hat? Wie hieß er noch gleich? Keine Zeit, der Frage auf den Grund zu gehen. Er ist besser auf Draht: »Mensch, grüß dich. Wir haben uns ja schon ewig nicht mehr gesehen. Wie geht's denn?« »Prima. Und dir?« »Auch gut. Was machst du denn so?« Nachdem Sie geklärt haben, womit jeder von Ihnen sein Brot verdient, fällt Ihnen nichts mehr ein. Etwas unschlüssig lächeln Sie einander an, bis einer der Qual ein Ende macht: »War wirklich nett, dich mal wieder zu treffen. Mach's gut.«

Hier sind fünf Strategien, wie Sie Fremdheit überbrücken:

Das Gespräch beginnen

Angesichts des Karussells im Kopf greift man am besten auf vertraute Formeln zurück: »Ich freue mich, dich zu sehen.« – »Ein schöner Zufall, dass wir uns mal treffen.« Das sollte möglichst ehrlich und warmherzig klingen – und am besten mit einem Gesprächsanker versehen sein: »Ich denke oft an unsere Barabende im Studentenwohnheim.«

Die Begleiter einbeziehen

Falls Sie nicht alleine sind, machen Sie Ihren Begleiter und Ihren Bekannten natürlich miteinander bekannt.

Verbunden mit einer Erklärung, in welcher Beziehung Sie zu beiden stehen: »Das ist Tobias. Wir sind seit zwei Jahren verheiratet.« – »Das ist Moritz. Wir haben zusammen studiert.« Ideal ist es, wenn Sie irgendeine Verbindung zwischen den beiden herstellen können: »Tobias ist ein begeisterter Football-Fan. Du bist doch auch immer zu jedem Spiel gegangen, Moritz.« Wenn Sie Glück haben, brauchen Sie sich um die weitere Unterhaltung nicht mehr zu kümmern.

Fragen stellen

Damit das Gespräch nicht im Sande verläuft, sollten Sie einige Fragen parat haben. Schließlich wissen Sie nicht mehr viel voneinander. Schließen Sie die Lücken:

- »Wo lebst du jetzt?«
- »Was machst du beruflich?«
- »Wie geht es deinen Eltern?«
- »Was machen die Kinder?«
- »Reitest du noch immer?« (»Spielst du noch immer Squash / Tennis / Badminton...?«)
- »Fährt deine Ente noch?«

Interesse zeigen

Zeigen Sie, dass die Antworten Sie ehrlich interessieren. Durch aufmerksames Zuhören: Ignorieren Sie die Frühjahrsmode im Schaufenster ebenso konsequent wie attraktive Passanten. Durch Einwürfe wie »Das ist interessant«. »Das hört sich gut an.« »Toll, was du erreicht hast.« Durch weiterführende Fragen: »Wie gefällt es dir dort?« »Was machst du da genau?« Bohren Sie allerdings nicht nach, wenn Ihr Bekannter eine Frage ausweichend beantwortet. Niemand gibt gern in einem 10-Minuten-Smalltalk das Scheitern der hochfliegenden Pläne von einst preis.

Anerkennung spenden

Komplimente heben das Wohlgefühl: »Du siehst gut aus. Die neue Frisur steht dir.« Die Aussagen sollten allerdings zutreffen. Wer in den letzten Jahren etliche Pfunde zugelegt hat, fühlt sich vermutlich nur verschaukelt, wenn jemand sagt: »Gut siehst du aus. Du hast dich überhaupt nicht verändert.«

Von alten Zeiten sprechen

Kramen Sie Ihre gemeinsamen Erinnerungen hervor und begeistern Sie sich für die »Weißt du noch«-Geschichten des alten Bekannten. Bei der Gelegenheit kann man auch auf gemeinsame Freunde zu sprechen kommen: »Hast du noch Kontakt zu Michael? Wie geht es ihm? Was macht er?«

Situation 2: Gäste und Familienfeste

Wird Onkel Hermann wieder alle mit seinen abgestandenen Witzen langweilen? Werden Oma Maier und Oma Scholz endlich das Kriegsbeil begraben haben oder sich noch immer hartnäckig ignorieren? Hoffentlich passt das Wetter und die Kinder können draußen toben. Und hoffentlich hat die neue Freundin des Neffen etwas weniger provozierende Ansichten als ihre Vorgängerin, die jedem Besserverdiener in der Familie einen Mangel an sozialem Gewissen vorgeworfen hat.

Familienfeste haben's in sich. Davon weiß so ziemlich jeder ein Lied zu singen, der schon einmal eine Hochzeit, eine Taufe, einen runden Geburtstag im Kreis der lieben Verwandten gefeiert hat. Da treffen Großtanten aufeinander, die sich aus einem von allen anderen schon längst vergessenen Grund spinnefeind sind. Oder es kommen zwei verschwägerte Familien zusammen, die außer dem Enkelkind nichts gemeinsam haben. Und wie geht man mit geschiedenen Paaren um?

Mischen Sie die Karten richtig

Die schönste Tischdekoration, das delikateste Menü, nicht einmal der wunderbare Kaffee mit dem Verwöhnaroma garantieren ein harmonisches Familienfest. Eine ausgeklügelte Sitzordnung schon eher. Die Tante, die mit ihren amüsanten Geschichten immer alle zum Lachen bringt, setzen Sie am besten in die Nähe eines Tischendes. So kommt ihr Unterhaltungstalent einer möglichst großen Gästezahl zugute. Ein zweites Einsatzgebiet vertrauen Sie der Schwägerin an, die nie um ein Gesprächsthema verlegen ist. Die verfeindeten Großtanten platziere man weit voneinander entfernt und an der gleichen Seite der Tafel – Blickkontakt verdirbt ihnen womöglich Appetit und Laune. Ebenso verfahre man mit Exehepaaren, deren Trennung nicht unbedingt harmonisch verlaufen ist.

Machen Sie die Runde

Die Gastgeber wechseln häufig den Platz, um mit allen Gästen etwas Zeit zu verbringen. Und ein wenig nachzuhelfen, wenn irgendwo die Unterhaltung versiegt. Wie bei vielen anderen Gelegenheiten hilft ein wohlplaziertes Kompliment, damit sich jemand wohler fühlt: »Die neue Brille steht dir super.« Fragen kurbeln Gespräche an: »Wie läuft euer Umbau?« »Hast du schon Urlaubspläne?« »Wie gefällt es eurer Tochter in Amerika?« Wo die Unterhaltung gerade bestens läuft, kann sich der Gastgeber eine Verschnaufpause gönnen und seine Aktivitäten auf freundliches Zunicken und herzliches Lächeln beschränken. Es wäre ein Schuss nach hinten, übereifrig mit einer munteren Bemerkung dazwischenzuplatzen und womöglich den Gesprächsfaden zu zerreißen.

Gehen Sie es locker an

Von einem entspannten Gastgeber haben die Gäste mehr. Wer vom tagelangen Kochen, Kuchenbacken, Hausputzen und Gartenjäten völlig erschöpft ist, sprüht kaum mehr vor guter Laune und Herzlichkeit. Bevor Sie riskieren, Ihre Gäste anzugähnen, kaufen Sie lieber den Kuchen beim Bäcker, bestellen einen Partyservice und lassen das Unkraut im Garten stehen. Kann sein, dass Tante Rosalie über Ihre mangelnden hausfraulichen Fähigkeiten den Kopf schüttelt. Wahrscheinlich freut sie sich insgeheim, weil sie sich Ihnen überlegen fühlt. Gönnen Sie ihr den vermeintlichen Triumph.

Situation 3: Kranke besuchen

Krankenhäuser schlagen aufs Gemüt. Der Anblick eines Bettlägerigen auch. Munter plaudern fällt da schwer. Trotzdem können wir mit unserem Besuch einem Kranken mehr mitbringen als Obst oder ein Taschenbuch. Optimismus zum Beispiel. Offenheit. Ablenkung. Oder praktische Unterstützung.

Den anderen aufbauen

Auch Gespräche am Krankenbett beginnt man am besten mit dem nahe Liegenden: dem Befinden des Kranken. Deshalb sind Sie ja gekommen: »Wie geht es Ihnen?« »Haben Sie die Operation gut überstanden?« »Hast du noch Schmerzen?« »Dürfen Sie bald wieder nach Hause?« Zeigen Sie sich optimistisch: »Du siehst schon wieder viel besser aus.« »Bestimmt erholen Sie sich schneller, als Sie denken.«

Offenheit wagen

Bei aller Anteilnahme: Fragen nach intimen Einzelheiten wie »Musste die ganze Brust entfernt werden?« oder »Werden Sie nun nach Ihrem Schlaganfall in Frührente gehen?« verbietet der Takt. Trotzdem dürfen Sie die Krankheit beim Namen nennen. Wenn Sie wissen, bei Ihrem Bekannten wurde Krebs diagnostiziert, sollten Sie das auch offen ansprechen. Das Thema totzuschweigen, verhindert jedes halbwegs offene und unverkrampfte Gespräch. Außerdem: Darüber zu reden, nimmt der Krankheit etwas von ihrem Schrecken.

Fallgeschichten vermeiden

»Die Mutter meiner Schwägerin hatte vor fünf Jahren auch...« Fallbeispiele ähnlicher Krankheitsbilder können aufmuntern – allerdings nur, wenn die Betroffenen noch am Leben und inzwischen wieder bei bester Gesundheit sind. Geschichten mit tragischem Ausgang verbieten sich von selbst.

Ablenken und unterhalten

Sie spüren: Der Andere will nicht oder nicht mehr über Krankheiten reden. Zeit, zu belanglosen Themen überzugehen, die den Kranken von seinen Schmerzen und Grübeleien ablenken. Überlegen Sie sich schon vor dem Besuch kleine Begebenheiten, von denen Sie erzählen könnten. Schonkost sollte es sein: unterhaltsam, aber keinesfalls aufregend. Sie erweisen der kranken Kollegin einen Bärendienst, wenn Sie darüber spekulieren, ob ihre Mitarbeiterin womöglich schon an ihrem Stuhl sägt. Erzählen Sie lieber vom tollen Rahmenprogramm der Jahrestagung, von den Heiratsplänen der Sekretärin oder vom Squash-Turnier der Entwicklungsabteilung. Auch gut: Bringen Sie das Thema auf ein Buch, das Sie beide in letzter Zeit gelesen haben, einen Film, den Sie beide gesehen haben, die Bundesligaspiele des letzten Wochenendes: Schließlich sind Lesen und Fernsehen für Kranke in der Regel die Hauptbeschäftigungen.

Den richtigen Zeitpunkt wählen

Krankenbesuche sollten keine Überfallkommandos sein. Nicht jeder ist begeistert, wenn sich Nachbarn, Arbeitskollegen oder Tennispartner an seinem Krankenbett versammeln. Manche lecken ihre Wunden am liebsten alleine. Anderen ist es unangenehm, sich im Schlafanzug und mit der Infusionsnadel im Arm zu präsentieren. Außerdem kostet es große Anstrengung, lächelnd Konversation zu machen, während die Gedanken um das Ergebnis der entnommenen Gewebeprobe kreisen.

Also: Klären Sie per Telefon mit dem Kranken, vielleicht auch mit seinen Angehörigen, ob er besucht werden kann und möchte. Besprechen Sie auch den Zeitpunkt Ihres Besuchs. So vermeiden Sie Massenaufläufe am Krankenbett. Zum einen ist da in der Regel wenig Platz. Zum anderen fällt es oft schon gesunden Menschen schwer, mehrere Gesprächspartner gleichzeitig zu jonglieren.

Situation 4: Kondolieren

Jahrelang sind Sie mit dem Kollegen aus der Zweigniederlassung nicht über Smalltalk über das Wetter und die ständigen Umorganisationen in der Firma hinaus gekommen. Irgendwann hören Sie dann, dass seine Tochter vor vier Wochen bei einem Motorradunfall tödlich verunglückt ist. Sollen Sie sich bei ihm melden? Stehen Sie ihm dafür überhaupt nahe genug? Reißen Sie womöglich kaum vernarbte Wunden neu auf? Und was können Sie ihm sagen, wenn Sie es nicht bei einem stereotypen »Mein Beileid« belassen wollen?

Jeder von uns weiß: Nichts kann einem Trauernden den Schmerz des Verlustes erleichtern. Daher fühlen wir uns hilflos, schämen uns unserer nichtssagenden Floskeln. Dazu kommt die Scheu, uns mit der Zerbrechlichkeit unserer Existenz zu konfrontieren. So machen Trauernde oft die irritierende Erfahrung, dass Arbeitskollegen, Bekannte oder Nachbarn ihren Verlust zu ignorieren scheinen. Verletzlich, wie sie im Augenblick ohnehin sind, fühlen sie sich von ihrem Umfeld im Stich gelassen.

Nichts zu sagen, ist der schlechteste Weg

Lassen Sie einen trauernden Menschen nicht im Ungewissen. Zeigen Sie ihm durch Worte, durch eine Berührung, dass Sie sich seines Schmerzes bewusst sind, dass Sie sich sorgen. Und wenn Ihnen die Worte fehlen, geben Sie es zu: »Ich weiß einfach nicht, was ich sagen soll.« Vergessen wir unser Bedürfnis, uns gut darzustellen: Es geht nicht darum, mit einer besonders souveränen Beileidsbekundung zu glänzen. Wichtig ist, dass der Trauernde spürt, dass hinter unseren Worten echte Anteilnahme steht.

Was Sie sagen können – wenn Sie es wirklich so meinen:

- »Ich kann es noch gar nicht fassen.«
- »Es ist ein großer Verlust. Ihr Vater war ein so lieber Mensch.«
- »Es tut mir leid, dass du so eine schwere Zeit durchmachen musst.«
- »Kann ich dir irgendwie helfen?«
- »Es ist so schwer, die Mutter / den Vater / die Frau / den Mann / den Partner zu verlieren.«
- »Sie machen eine schwere Zeit durch. Ich wünsche Ihnen viel Kraft.«
- »Melde dich, wenn du reden willst. Ich bin jederzeit für dich da.«

Was Sie nicht sagen sollten – ohne gründlich darüber nachgedacht zu haben:

- »Du bist noch jung. Du kannst wieder ein Kind bekommen.«

- »Du bist noch jung. Du wirst wieder jemanden finden.«
- »Wenigstens seid Ihr durch die Lebensversicherung gut versorgt.«
- »Es war ein eindrucksvolles Begräbnis. Der große Chor war sicher sehr teuer.«
- »Es ist schon schlimm, wenn jemand in der Anonymität eines Krankenhauses sterben muss.«
- »Vielleicht ist es gut, dass es so gekommen ist. Wer weiß, ob er nach dem Schlaganfall nicht ein Pflegefall geworden wäre.«

Zuhören und Erinnern

Es ist Teil der Trauerarbeit, über den verstorbenen Menschen zu sprechen. Gute Zuhörer helfen dabei. Wer eigene Erinnerungen an den Verstorbenen hat, kann selbst eine gemeinsam erlebte Geschichte beisteuern: »Wolfgang und ich, wir haben uns damals gemeinsam aufs erste Staatsexamen vorbereitet. Vor der ersten mündlichen Prüfung war ich ein einziges Nervenbündel. Ich war kurz davor, das Ganze hinzuwerfen. Aber Wolfgang hat mir den Kopf gewaschen und mich dann bis zum Prüfungsraum gebracht: ›Damit du dich nicht doch noch abseilst.‹ Er war ein echter Freund.«

Situation 5: Networking

Querverbindungen sind heute wichtig wie nie. Wenn mehrere gleich qualifizierte Kandidaten vor der Tür stehen, entscheidet die soziale Kompetenz, wer das Rennen macht. Und in der heißen Endphase eines Projekts hat oft der die besten Karten, der Probleme mit einem Telefonat klären kann: einen Ersatz für die plötzlich krank gewordene Grafikerin weiß; einen Studienfreund auftreibt, der bei einem Computervirus weiterhilft; die Sekretärin des Chefs becirct, damit eine Bedarfsmeldung noch heute unterschrieben wird, oder die Kantinenwirtin überredet, fünf Mittagessen für das Team zurückzuhalten.

Beziehungen, aus denen man in Krisensituationen schöpfen kann, entstehen nicht über Nacht. Was wir so gerne als »Vitamin B« diffamieren, ist das Produkt vielfältiger Investitionen:

- Die Frage nach den Rückenschmerzen.
- Der Anruf zum Geburtstag.
- Der Tipp mit dem Split-It-Programm.
- Der Name des Personalberaters für den wegrationalisierten Kollegen.
- Das Kompliment über den mutigen Widerspruch in der Arbeitsbesprechung.
- Die Mitgliedschaft bei den Wirtschaftsjunioren.
- Das Angebot, den wichtigen Brief rasch bei der Poststelle vorbeizubringen.
- Der Kräutertee für die Kollegin im Stress.

Wer laufend in sein Beziehungskonto einzahlt und andere in ihren Bemühungen großzügig unterstützt, weiß im Bedarfsfall, wo er Infos, Unterstützung, Kontaktadressen und auch mal Rückendeckung bekommen kann. Bauen Sie deshalb Ihr »Know-who« genauso selbstverständlich aus wie Ihr »Know-how«.

Situation 6: Im Umgang mit Kunden

Einen alten Kunden zu halten, kostet nur 10 Prozent der Energie, die es braucht, einen neuen zu gewinnen. Eine persönliche Betreuung, eine angenehme Atmosphäre sind bei diesem Kalkül ein nicht zu unterschätzender Faktor. Denn mal ehrlich: Wenn wir uns als Kunde zwischen zwei gleich qualifizierten Dienstleistern entscheiden können, gehen wir doch alle lieber in ein Geschäft, wo man uns und unsere Vorlieben kennt. Natürlich betrauen wir mit dem Streichen der Fenster lieber den Malerbetrieb, dessen Mitarbeiter bei der letzten Renovierung unseren Vierjährigen mit Schleifpapier und einem Stück Holz einen Vormittag lang zu beschäftigen wusste. Und selbstredend geben wir dem Anbieter den Vorzug, der es versteht, einen individuellen Kontakt herzustellen:

- Der Verkäuferin, die beobachtet: »Das dunkle Braun harmoniert gut mit Ihrer Haarfarbe« statt zu belehren: »Das trägt man jetzt so«.

- Dem Italiener am Stadtmarkt, der uns informiert: »Wir haben gerade frischen Pecorino hereinbekommen. Möchten Sie ein Stück probieren?« statt zu drängeln »Darf's ein bisschen mehr sein?«.
- Dem Hausarzt, der besorgt nachfragt: »Was macht die Wunde? Ist die Schwellung abgeklungen?« statt routinemäßig abzuspulen: »Wie geht's uns denn heute?«
- Die Buchhändlerin, die uns das abgegriffene Taschenbuch kurzerhand 30 Prozent billiger gibt und dazu sagt: »Freuen Sie sich darauf; der Roman ist toll« statt uns hinzuhalten: »Da müsste ich Ihnen ein anderes Exemplar bestellen.«

Situation 7: Im Umgang mit Kollegen

Ehrlichkeit und Offenheit der Mitarbeiter untereinander steht in vielen Firmen hoch im Kurs. Wo Hierarchien kippen und Teams die neue Zauberformel sind, fallen oft auch die Grenzen zwischen Berufs- und Privatleben.

Der Fluch der neuen Offenheit

Gerade in kleineren Unternehmen in der Aufbauphase kennt jeder jeden und weiß Bescheid über das zahnende Baby, die Probleme mit dem Hausbau, den angeschlagenen Meniskus und das zeitraubende Reit-Hobby. Das fördert zwar das Gemeinschaftsgefühl, kann aber bei Problemen und Auseinandersetzungen gegen

Sie verwendet werden. Gehen Sie auf solche Attacken nicht ein, sondern bringen Sie das Gespräch möglichst rasch auf die Sachebene zurück.

Angenommen, Ihre Chefin spielt in einem Gehaltsgespräch auf Ihren teuren Jeep an: »Na, wenn ich mir deinen neuen Wagen ansehe, scheinen wir dich doch so schlecht nicht zu bezahlen.« Machen Sie jetzt nicht den Fehler zu protestieren: »Du weißt doch, dass ich mir den nur leisten konnte, weil ich ihn als Vorführwagen günstig bekommen habe.« Sondern lenken Sie das Gespräch ohne Umstände auf Ihre berufliche Leistung zurück: »Ich denke, das ist jetzt nicht das Thema. Entscheidend ist, dass ich im letzten halben Jahr meinen Umsatz um fast 10 Prozent steigern konnte.«

Genug ist genug

Um Ihr Seelen- und Familienleben für sich zu behalten, müssen Sie nicht verschlossen wie eine Auster sein. Es gibt tausende von interessanten Themen jenseits des Jobs, über die Sie reden können, ohne die Kollegen deshalb zu Mitwissern Ihrer Eheprobleme, Lebensängste, Kindheitstraumata und finanziellen Engpässe zu machen.

Schwieriger wird es, wenn ein Kollege oder eine Kollegin den beruflichen Kontakt zu Ihnen mehr ausweiten möchte, als Ihnen lieb ist. Wenn Ihnen zum Beispiel ein Kollege seine Mithilfe beim Umzug anbietet, erfordert es Fingerspitzengefühl, sich abzugrenzen, ohne sich auszugrenzen: eine gute Ausrede (»Danke, meine Brüder managen den Umzug für mich«) oder die Flucht nach vorn (»Danke, das ist sehr freundlich. Aber ich möchte private und geschäftliche Dinge doch lieber getrennt halten. Lassen Sie uns doch nächste Woche einen Cappuccino zusammen trinken.«)

Das leidige Du

»Hallo, ich bin die Katrin. Wir duzen uns hier alle.« Wer so am ersten Arbeitstag begrüßt wird, hat kaum die Wahl: Wo sich alle duzen, würden Sie sich ins Aus manövrieren, wenn Sie auf dem »Sie« bestehen. Wenn allerdings das »Du« in Ihrer Firma eher die Ausnahme als die Regel darstellt, können Sie signalisieren, dass Sie das »Sie« dem »Du« vorziehen: »Danke, ich finde unsere Zusammenarbeit auch so sehr angenehm.« Oder: »Ich fühle mich wohler, wenn wir beim Sie bleiben.«

10. Die Autorin

Dr. phil. Doris Märtin schreibt, konzipiert und coacht als freie Autorin, Texterin und Trainerin. Ihre Kernkompetenz liegt in den Bereichen Sprache, Image und Kundenkommunikation: www.dorismaertin.de

Zu ihren bekanntesten Büchern gehören *So kommen Sie zur Geltung* (Heyne), *Erfolgreich texten* (voltmedia) und *Gut ist besser als perfekt* (dtv). Mit dem Erfolgstitel *Small Talk* (Amazon-Jahres-Topseller 2000) machte sie das kleine Gespräch auch in Deutschland populär.